Todos los libros de Linkgua Ediciones cuentan con modelos de Inteligencia Artificial entrenados por hispanistas. Pregúntale al chat de tu libro lo que desees acerca de la obra o su autor/a.

Para ebooks: Accede a nuestro modelo de IA a través de un enlace.

Para libros impresos: Escanea el código QR de la portada con tu dispositivo móvil.

Obtén análisis detallados de nuestros libros, resúmenes, respuestas a tus preguntas y accede a nuestras ediciones críticas generativas para una experiencia de lectura más enriquecedora.
La transparencia y el respeto hacia la autoría de las fuentes utilizadas son distintivos básicos de nuestro proyecto. Por ello, las respuestas ofrecen, mediante un sistema de citas, las fuentes con las que han sido elaboradas.

Autores varios

Proceso de José Rizal

Barcelona 2025
Linkgua-ediciones.com

Créditos

Título original: Proceso de José Rizal.

e-mail: info@red-ediciones.com

Diseño de cubierta: Michel Mallard.

ISBN tapa dura: 978-84-1126-309-2.
ISBN rústica: 978-84-9953-577-7.
ISBN ebook: 978-84-9816-912-6.

Sumario

Brevísima presentación

Esta edición del *Proceso de José Rizal* recoge los documentos relacionados con el enjuiciamiento y ejecución de este prócer filipino.

En 1896, en Filipinas comenzó una revolución liderada por el Katipunan, un partido abiertamente independentista fundado por Andrés Bonifacio, y a José Rizal se lo acusó de estar involucrado en él. Andrés Bonifacio y de Castro escapó de las autoridades españolas. Rizal, fue detenido y, tras un juicio sin garantías para su defensa, fusilado. Mientras esperaba el juicio, intentó detener la rebelión escribiendo del Katipunan con su «Manifiesto para ciertos filipinos».

José Rizal es fusilado de espaldas, como traidor a la Patria, en la mañana del 30 de diciembre de 1896. Tras su muerte se convirtió en un verdadero icono del independentismo y de la libertad filipina.

«Perdono a todo el mundo y muero sin tener el más pequeño remordimiento contra nadie» dice a uno de los jesuitas que le acompañan en sus últimos momentos. Luego se dirige a los soldados indígenas que forman el piquete de ejecución y les hace un ruego: «No me disparéis a la cabeza porque he estudiado mucho»..

Proceso del doctor José Rizal Mercado y Alonso

Publicado por Primera Vez
Bajo los Auspicios de la Revista Mensual
Cultura Filipina
Manila.

Notas bibliográficas

El proceso, los apéndices y las ilustraciones son de suyo tan elocuentes que huelga ciertamente todo comentario. Algunas notas bibliográficas, sin embargo, informatorias de la procedencia de los mismos y que los autentiquen son necesarias para la información de los profesionales, de los filipinistas y de los filipinólogos.

«Para facilitar aún más la tramitación de los procesos, dispuse, escribe el General Blanco, por providencia autorizada, la división de esas grandes causas en piezas que, distribuidas a jueces distintos, pudiesen terminarse y fallarse con la rapidez conveniente a la pronta y saludable ejemplaridad de la pena.» La causa fundamental del Katipunan, según el Auditor, acusaba mil quinientas diez fojas, distribuidas en siete piezas, y los encartados excedían de cuatrocientos cincuenta. De aquí que se descartase lo referente al Dr. Rizal, formándose la pieza separada que hoy publicamos.

Según la nota de la página tres, el proceso de Rizal procedió del Archivo de Segovia y fue a parar en el del Ministerio de la Guerra de Madrid, España, donde Retana, por encargo nuestro, sacó copia. Esta copia es prácticamente íntegra, El testimonio de los cargos que le resultan al Dr. Rizal y las citas de las declaraciones prestadas por Pío Valenzuela y otros (folios 12 al 19) que se omiten, podrá verlos el lector en el resumen del Juez Instructor (folios 33 al 38). Ciertas diligencias sólo se indican, cuando son de mera fórmula. Avaloran esta copia notas y observaciones del Sr. Retana que importan a todo investigador.

Los Estatutos de la Liga Filipina [Apéndice A], son copia del original que obra en poder de D. Mariano Ponce. En el ángulo superior derecho de la primera página del original de Estatutos dibujó el Dr. Rizal un monograma a modo de insignia, pero que no llegó a adoptarse. El extracto impreso, bilingüe, de los Estatutos es todavía más importante, porque es lo que realmente usaron los afiliados a la Liga, especialmente el texto tagalo, antes de afiliarse. Aunque el pie de imprenta dice London, realmente, como todos los que llevan el mismo pie de imprenta, se estampó en Hong-Kong. Retana en su Vida de Rizal (página 236 al 241), trae únicamente el texto castellano, y lo mismo la versión inglesa hecha por James A. Robertson en The Philippine Islands 1493–1898 [LII, páginas 217 al 226], que vierte únicamente el texto castellano.

Las Diligencias [Apéndice B] instruidas contra Pablo Mercado proceden directamente del General Blanco quien las remitió a Retana, que sacó la copia que publicamos, y a las que se refiere en su carta siguiente, cuya parte subrayada, hace el facsímil N.o 1, Madrid, 14 Eno. 1906.

Sr. Dn. Wenceslao E. Retana

Muy Sr. mío y estimado amigo: la circunstancia de venir su grata de V. de 30 de Nov. e, dentro del tomito de «La venganza de Fajardo» q. tardé muchos días en hojear pr. hallarme enfermo, ha sido causa de que no me haya enterado de ella ni la haya por consiguiente contestado, rogando a V. me dispense esta involuntaria falta.

Mucho me satisface el que haya V. encontrado curiosos e interesantes los documentos q. le he enviado. Tengo más; pero entre el océano de papeles q. he ido guardando durante tantos años no me entiendo ya y no encuentro los q. busco, porque tampoco ayuda la cabeza que no me permite como en otro tiempo trabajar mentalmente mucho tiempo: ya V. lo ve.

De todos modos yo quisiera conservar mientras viva los que poseo y pueda poseer; pero V. podrá sacar copia de todos los q. quiera devolviéndome los originales tomándose para este trabajo de copia el tiempo que necesite y autorizándole también para citarlos públicamente como míos si le conviene.

Y termino esta ya larga misiva felicitando a V. pr. su propósito de imprimir un libro, que aunque ya a destiempo, puede servir de enseñanza y escarmiento a los que no saben o no quieren convencerse de que no es pr. el castigo y la violencia como se gobiernan los pueblos en el siglo XX: con el Canal de Suez llegaron a Filipinas auras de libertad y de progreso que en vano quisimos contener, en lugar de encauzarlas y dirigirlas: y la marmita reventó, naturalmente pr. una Ley física, imposible de contrarrestar.

Perdóneme estas filosofías y sabe puede mandar a su atento amigo affmo. s. s.

q. b. s. m.

Ramón Blanco

Hé aquí la carta autógrafa de Luis Taviel de Andrade, cuya parte subrayada hace el facsímil N.o 1.

9 Dbre. 1905.

Sr. Don W. E. Retana

Mi distinguido amigo. Mil gracias por su felicitación y crea que lo mismo le deseo en el venidero año que promete ser pródigo en disturbios a juzgar por el principio; allá veremos.

V. no me molesta jamás y puede hacerme cuantas preguntas quiera, que puede tener la seguridad que le serán contestadas con prontitud y completa sinceridad.

Mis respuestas a sus últimas son las siguientes:

Rizal jamás creyó fuese sentenciado a la última pena, y su asombro se comprobó ante el Consejo: después de esto en mi opinión si no dejó de concebir esperanzas (pues ¿quien no las tiene?) de indulto, creo que eran casi borradas, pues se hizo cargo de su verdadera situación y se preparó a bien morir. Insisto que aparte de la poca esperanza que pudiera tener murió como un bravo, cayendo boca arriba, de donde fue recogido después de visto por todos los concurrentes (que fueron muchos) en un coche mortuorio, disponiendo el Gobernador Civil (Manuel Luengo) su traslación. Se ignora (creo que fue la fosa común) el sitio, para que durmiera el sueño de los justos en el mayor olvido de sus compatriotas. A muchos vi que con iguales motivos era preciso cogerlos a puñados para ponerlos en el sitio del suplicio.

Las gestiones que para su indulto hicieron creo que pocas o ninguna pues en aquella época de terror era indispensable mucha sangre para aplacar los ánimos (estos comentarios los hago con toda reserva pues no debo ser yo quien juzgue la conducta de aquellos prohombres). Sí le diré que el General Blanco se opuso con toda su energía al fusilamiento y que no lo llevó a efecto a pesar de las reiteradas órdenes del Gobierno: su sucesor se encargó de lo demás.

Le indicaré al auditor general Peña que podrá ilustrarle ese punto que desea saber pues se encontraba a la sazón, por aquel entonces desempeñando el cargo de auditor general. Creo que se encuentra en esa y le será fácil ponerse al habla con él.

Disponga de su affmo. amigo s. s. q. s. m. b.

Luis Taviel de Andrade.

La carta, autógrafa de Fr. Matías Gómez, interesantísima y que no tiene precio para todo investigador de cuestiones filipinas, se la debemos a la generosa bizarría del P. Aglipay, que la halló entre los papeles del que fue Cura Párroco de Malasiqui, Pangasinán, en 1898.

El apéndice C., o sea la Memoria dirigida al Ministerio de Ultramar (21 Abril 1898) por los «Superiores de las Corporaciones de Agustinos, Franciscanos, Recoletos, Dominicos y Jesuitas establecidas en Filipinas»... es reproducción de un ejemplar impreso, igual al descrito bajo el núm. 3991 en el Aparato de Retana (III, página 1399). Nuestro ejemplar es primera reproducción del impreso hecho en Manila; un ejemplar de este último posee hoy la Philippine Library de Manila. La segunda, se describe bajo el núm. 1862 en la Biblioteca Filipina de Vindel. Una versión inglesa de esta Memoria hallará el lector en The Philippine Islands 1493-1898 (LII, páginas 227 al 286). Después de las firmas, léese al pie de esta versión la siguiente advertencia:

> Notice. Because of the impossibility, due to the length of this exposition, of drawing up the copies necessary for the archives of each corporation, it has been agreed by the respective superiors to print an edition of fifty copies, ten for each corporation, which are destined for the purpose stated above.
>
> Collated faithfully with its original, and to be considered throughout as an authentic text. In affirmation of which, as secretary of my corporation and by the order of my prelate, I sign and seal the present copy in Manila, April 21, 1898.
>
> Fr. Francisco Sadaba del Carmen,
>
> secretary-provincial of the Recollects.
>
> There is a Seal that says: «Provincialate of the Recollects.

Antes de esta versión inglesa, hízose otra, parcial e inadecuada, por Ambrose Colman, O. P., publicada en *Rosary Magazine*, 1900. James A. Robertson dice que esta memoria «is one by those who are fighting for life, and who see dimly ahead the fate that may overtake them (obra citada, página 25), James A. LeRoy, refiriéndose a esta versión de Robertson, dice lo siguiente:

> The chronological record of Spanish rule is very appropriately closed with a document of the religious orders, which had from the first been at the forefront in this history; it is the memorial signed by the four Philippine orders that had figured in the political controversy and by the Jesuits and addressed to the Colonial Minister at Madrid (but never formally presented) on the eve of the outlook of war in 1898 and just before Dewey's ships sailed from Hong-kong. Those who believe that the friars' mission in the Philippines was over will find confirmation of that view in the arrogant tone and intolerant viewpoint of this message, a veritable gauntlet of defiance flung down before the Liberal administration at Madrid. But it is an eloquent defense of the friars' record in the Philippines, nevertheless, and a fine piece of rhetoric. Though the translation is faulty in places, it makes available a document practically unknown heretofore [*The American Historical Review*, núm. de Oct., 1908, págs. 159 y 160.]

Tal era el ambiente de entonces, 1896-97, en que ser masón, librepensador o reformista, era lo mismo que ser filibustero y antiespañol. Y aunque los hechos depusieren lo contrario, no habría remisión. El P. Pablo Pastells mismo, amigo de Rizal, jesuita de los muy liberales, escribía a Retana con respecto a Rizal lo siguiente:

> ....Y para refutar sus ideales filibusteros, entre otras, le propuse la demostración de éstas dos tesis: El separatismo es imposible en la ejecución; insostenible en la práctica: y en último resultado contraproducente. Unida a España, recorrerá triunfante Filipinas la senda del verdadero progreso; separada, precipitaráse en el caos de la anarquía, de la esclavitud y del salvajismo. Rehuyó siempre Rizal, a pesar de mis reiteradas instancias y retos, entablar conmigo discusión alguna por escrito sobre este último extremo [del separatismo] por no juzgarse con la independencia necesaria para emitir su pensamiento, durante la deportación, sobre aquel punto. Así fue que nuestra polémica hubo de circunscribirse solamente al asunto religioso. Aprovechó este cabo; harto sabía yo que reducido Rizal a la Religión Católica, la cuestión de españolismo se hubiese ventilado

luego con mayor facilidad, como consecuencia de sus principios y deberes religiosos.... [Carta de 6 de Enero, 1897].

En otra carta, de 19 del mismo mes y año, sienta la siguiente doctrina: «El error o herejía de nuestros días, sabe V. muy bien que consiste en emancipar la política de la moral y de la Religión; como si el Dios de la Religión no fuese al propio tiempo el Dios de la Sociedad. Cuando Rizal lamentó que Pañganiban no hubiese podido dar su sangre por la causa, lamentablemente mal lo hizo; si él ofreció otro tanto, no pudo ofrecerlo; y por lo tanto, debió no cumplirlo; y no cumpliéndolo supo hacer lo que debía. Nadie puede rebelarse en conciencia contra la autoridad legítimamente constuída, nos lo dice San Pablo. No hay autoridad que no dimane de Dios; el que resiste a la potestad, resiste a la ordenación de Dios, y los que la resisten adquieren para sí la condenación».

Estas ideas, adicionadas y desarrolladas convenientemente, se exponen con un muy sutil razonamiento, y entonación valiente y solemne, un la Memoria de las Corporaciones religiosas de Manila. En ella se contestan ciertas acusaciones de Blanco ante el Parlamento español.

Ciertamente, Blanco en su *Memoria al Senado* (1897) transcribe, en los apéndices (págs. 190 al 195), tanto el Oficio del M. R. P. Provincial de Dominicos como el suyo contestando al del Provincial, y donde, de paso, formula graves cargos contra los religiosos, cargos que no recibieron réplica, añade Blanco, aparte otras insinuaciones irónicas que éste ingirió en el cuerpo de su trabajo, referentes a los agustinos Eduardo Navarro y Mariano Gil, cuyo retrato, el de este último, al hacerlo campear como trofeo de gloria en el centro del periódico El Español, hízolo con daño de su sagrado carácter de sacerdote.

Hélos a continuación:

Oficio del M. R. P. Provincial de Dominicos.

Provincia del Santísimo Rosario de Filipinas de la Orden de Predicadores.—Excmo. Sr.: Las noticias que del Padre Vicario Provincial y de otros párrocos de mi Corporación en Cagayán recibo acerca del estado grave en que se encuentra dicha provincia, son, dada la excepcional situación por que atraviesa el archipiélago, de tal importancia, que creo un deber ponerlas en conocimiento de V. E., por si en su elevado criterio juzga conveniente tomarlas en consideración.—Efectivamente, en dicha provincia hay, como debe constar en ese Gobierno general, por lo menos dos logias masónicas y separatistas: una en Aparri y otra en Tuguegarao: aquella compuesta, según referencias de gran crédito, de más de 80 individuos principales de la localidad y de influencia en Cagayán, todos ellos dispuestos, así como los de Tuguegarao, a levantar la provincia en cuanto reciban indicaciones de sus ignorados y misteriosos Jefes, con lo cual conseguirán establecer un nuevo y apartado foco de insurrección que distraiga nuestras tropas y les facilite más la consecuencia de sus malvados intentos: Se dice que en las costas próximas al puerto de San Vicente ha habido alijos de armas; que los negritos flecheros de los montes de Cabo Engaño están convenidos con los laborantes de Aparri para bajar sobre los pueblos cuando se les llame, con objeto de coadyuvar a la rebelión; que en dicho Aparri tienen ya los laborantes, en sus casas o en las de sus dependientes, armas dispuestas para el caso de la sublevación; que se vió hace tiempo en aguas de dicho cabo un vapor sospechoso, del que se cree hizo alijo de armas, pues se halló en el bosque inmediato a la playa un bote sin quilla, de estructura no acostumbrada allí, con 10 remos, a propósito para acercarse mucho a tierra, el cual bote lo recogieron los señores Astigarraga, madereros de aquella comarca, coincidiendo esto con la boya que se recogió en las costas de Palanan y con los frecuentes viajes que en bancas, dichas allí taculis, hacía la gente del Sr. Macanaya, muy tildado de laborante, doblando el Cabo Engaño sin motivo racional que explique dichos viajes.—A esto se agrega que el Gobernador civil de la provincia, a pesar de las repetidas veces que se le han expuesto estas noticias, y no dando importancia a los clamores de la colonia peninsular, no ha tomado medida alguna para impedir cualquier movimiento en la provincia, no ha recogido las armas a las personas tildadas y se ha negado a gestionar eficazmente el armamento de los peninsulares, que se lo pedían con insistencia. Unido esto a que él mismo, según referencias, se ha confesado masón, y, por lo tanto, no puede estar a la altura de las presentes circunstancias, a que no se pone de acuerdo con el elemento peninsular, ni se entiende para nada con los párrocos, y, en cambio, en comunicaciones, pidiendo nombres de sospechosos, se dirige solo a un Capitán municipal como el de Aparri, D. Pedro Alvarado, conocido masón, motiva gran desconfianza y fomenta la intranquilidad y los temores en la provincia, de suerte que algunas familias de los peninsulares y extranjeros han abandonado la cabecera y refugiádose en Aparri para más fácilmente coger un vapor que los ponga a salvo.—Añádase a esto que, hallándose tan lejos del centro de las islas esta provincia, y pudiendo fácilmente los separatistas, que son allí ricos e influyentes, en el triste caso de ocurrir un movimiento, cerrar la barra de Aparri, la insurrección se extendería por todas las provincias del Valle, se nos impediría la entrada por mar a aquellas vastas y ricas comarcas, a las que por otro lado tan fácil es que de las costas del Japón o del Norte de América se verifiquen desembarcos de armas, como se han verificado ya en otras partes del archipiélago. Llegado este caso, no inverosímil, y que debe prevenirse, la pacificación de Cagayán resultaría sumamente difícil y costosa, cuando no imposible.—Noticias son éstas de cuya certidumbre, en cuanto a los detalles, atendida la índole de las mismas y el secreto con que los laborantes trabajan, no se puede responder, pero que demuestran desde luego que en Cagayán hay elementos que se agitan contra la madre Patria, aunque la masa de la población es fiel y leal, razón de más para que a tiempo se tomen precauciones que imposibiliten su defección; que en esta provincia, por su distancia de Manila, por la extensión de su territorio y de sus costas, es mayor y más temible el peligro que en otras partes, y que el actual Gobernador Civil de la misma, según la opinión general, dado su proceder hasta el presente, no reune condiciones para impedir que la rebelión levante su cabeza.—El envío a las provincias del Valle de algún cañonero que guarde la barra del Ibanang y vigile las costas para evitar desembarcos muy posibles de armas, y a la vez de una compañía de soldados que se sitúen en Aparri, Tuguegarao e Ilagan, puntos céntricos de aquel territorio; el adoptar disposiciones de cierto rigor, suavizado por la prudencia, para contener los trabajos de los laborantes, privándoles de los medios de conspirar y rebelarse, y el nombramiento de un Secretario del Gobierno de la misma, porque la persona que ahora tiene dicho cargo, por sus ideas y proceder, no es el más a propósito para estos momentos de prueba, son medidas que la opinión de los Padres y de los peninsulares de aquella comarca reclaman, pero que el Provincial que suscribe no se atreve a pedir a V. E., concretándose a manifestárselo, por si las creyera dignas de tomarse en cuenta y dispusiera de medios bastantes para realizarlas.—Es cuanto, en previsión de lo que ocurrir pudiera en la provincia de Cagayán, y haciéndome eco de los informes que sobre la misma tengo, debo manifestar a V. E.—Dios, etc.—Manila, 24 de Noviembre de 1896.—Excmo. Sr. F. Bartolomé Alvarez del Manzano, Provincial de Dominicos.—Excmo. Sr. Gobernador Capitán General de Filipinas.

Oficio del Gobernador General al M. R. P. Provincial de Dominicos.

Gobierno general de Filipinas.—Recibo la atenta comunicación de V. R., fecha 24 del corriente, en la que, con referencia a los informes del Rvdo. P. Vicario Provincial y de otros párrocos de su respetable corporación en Cagayán, se sirve darme noticia del estado en que se encuentra aquel territorio, que, dada la excepcional situación por que atraviesa el archipiélago, considera gravísimo, creyendo de su deber ponerlo en mi conocimiento.—Esta es la primera vez que recibo de V. R., ni de ningún otro Padre Provincial de las distintas órdenes religiosas comunicación oficial alguna relativa a asuntos políticos del archipiélago, a pesar del indiscutible derecho que para hacerlo les asiste, no solo por el conocimiento que del país deben tener, y tienen indudablemente, sino por las funciones que en la administración de estas provincias se les señala tradicionalmente.—Por cierto, Rvdo. P. Provincial, y le ruego me dispense esta pequeña digresión, que si en vez de valerse de la crítica, de la murmuración y de la pública censura, se valieran las comunidades religiosas de ese medio, que siempre tienen expedito, y que, además de ser perfectamente legal, es natural y lógico, ganarían mucho, a no dudarlo, el gobierno de estos pueblos, el principio de autoridad, en cuyo desprestigio nada va ganando tampoco el elemento religioso, y el buen nombre de las mismas corporaciones, que tan alta deben conservar en todo tiempo su secular y bien cimentada reputación de virtud y nobleza.—Consecuente con esos principios, y agradecido, como no puedo menos de estarlo, de los avisos y apreciaciones contenidos en el escrito de V. R., reitero las órdenes que tengo ya comunicadas para extremar la vigilancia en la provincia de Cagayán, prevengo a la Comandancia general de la escuadra la necesidad de enviar a aquellas costas un cañonero que las vigile y guarde la barra del Ibanang, siendo grato para mí, en cuanto a este asunto se refiere, manifestarle que la boya por allí no hace mucho aparecida se cree fuese una fondeada y perdida en un temporal por el cuerpo de Obras Públicas, que la situó cerca del faro para facilitar el servicio de los vapores que aprovisionaban a los torreros.–Así mismo me propongo enviar a Cagayán un fuerte destacamento que, convenientemente distribuído y colocado, asegure el orden en el territorio, inspirando confianza a sus honrados y leales habitantes.–Por lo que toca al actual Gobernador de la provincia, habían llegado ciertamente hasta mí rumores poco favorables; pero las noticias que V. R. me comunica, la opinión que tanto a V. R. como a los demás Padres de la provincia merece, y la filiación masónica que se le atribuye, gravísima siempre, pero mucho más en estas circunstancias, son motivos más que suficientes para relevarle de su cargo, como me propongo también hacerlo muy en breve.–Lo digo a V. R. como resultado de su precitado oficio, esperando no será ésta la única vez en que me haga presente cuanto al mejor servicio del Estado crea oportuno y conveniente, seguro de que por mi parte he de atenderlo siempre con el interés y la preferencia que merece su respetable origen.–Dios, etc.– Manila, 27 de Noviembre de 1896. Ramón Blanco.–M. R. P. Provincial de Dominicos.–Manila.

Dice Blanco que las concertadas calumnias contra él adquirieron carácter de delirium tremens poniendo de relieve la falta de sentido moral de sus enemigos, porque no había querido fusilar a diestro y siniestro conspiradores grandes y opulentos, sino desgraciados, sin nombres, sin bienes y sin carácter; hombres obscuros y desconocidos. «¿Qué tenía que ver yo, decía, autoridad judicial, con que fuesen ricos o pobres o que tuviesen ésta o la otra figura? ¿Había que suspender el fallo de estas causas contra personas poco acomodadas, hasta que pudieran fallarse las de las bien acomodadas? ¿O coger a éstas, que es a lo que al parecer se tendía, y fusilarlas gubernativamente sin más forma de proceso, cosa que yo no podía, ni debía, ni estaba dispuesto a hacer? ...»

«La misión de la autoridad en estos casos es, a mi juicio, bien clara. Castigar duramente a los traidores convictos de su crimen, nunca sacrificar sin pruebas ni sentencia a los que acuse la pasión o el estravío de entusiasmos ardientes, que pueden ser hasta nobles, pero equivocados en sus juicios. Para ciertas gentes las pruebas de carácter y de energía se dan fusilando a diestro y siniestro, a gusto del público, que suele ser apasionado, cuando es precisamente lo contrario: la energía se demuestra resistiendo todo género de imposiciones, y esa más que ninguna. Fusilar, es muy fácil; lo difícil es no fusilar.»

«Si en algo debe una autoridad extremar el severo cumplimiento de la ley es en la recta administración de justicia, que nunca ni por nada debe torcerse.» [págs. 65 y 68, de su Memoria] Y porque no quiso dar cebo ni pasto a la opinión conjurada, fue relevado. «Bien pueden estar satisfechos y orgullosos—termina—los conjurados. Su triunfo ha sido completo y pueden vanagloriarse de haber derribado a un Gobernador y Capitán General de Filipinas mandando su Ejército frente al enemigo; pero yo daré por bien empleada mi horrible mortificación, mi sufrimiento y, ¿por qué no decirlo?, hasta la vergüenza, que aún ahora mismo me enrojece el rostro, si esa humillación sirve de ejemplo para que no se repitan nunca más hechos parecidos.» (pág. 78)

Polavieja, pues, fue la concesión a la opinión conjurada; y a lo que se negó Blanco, hízolo Polavieja: fusilar a Rizal. Porque, de no hacerse así, como dijo Cánovas a Pí y Margall, ¿«quién pondría entonces el cascabel al gato?». Había tal fiebre patriótica que el desvarío fue no más que consecuencia de estado tan morboso. Quizás, Jesús, previendo cosas por el estilo en las convulsiones sociales, dijo a sus discípulos: «Va a venir tiempo en que quien os matare, se persuada hacer un obsequio a Dios.» Tan terrible verdad, sobre todo, cuando median fanatismo, interés ú odios de raza, no debe olvidarla el historiador. Es propio del espíritu humano, escribe Federico el Grande, que los ejemplos no corrijan a nadie; las tonterías de los padres no enmiendan a los hijos; es necesario que cada generación haga las suyas. Y la generación de aquella aciaga época tuvo que pagar su escote a verdad tan humana.

Justo es declarar que hubo entonces espíritus serenos, imparciales. Blanco en primer término, y luego los hermanos Andrade y algún otro más. Polavieja mismo, a costa de dolorosísima experiencia, convencióse de su error y del de la situación que le trajo a las Islas, y dijo, a su regreso a España, lo que tanto deplora Fr. Matías Gómez: que los Religiosos no conocen el país ni al indio. «La verdad es, informó Blanco, que nadie sabía más, ni aún siquiera tanto como yo.»

Con la lección de los acontecimientos posteriores ¿no habría sido mejor haber seguido las indicaciones de Sinibaldo de Más, quien en 1842 propuso al Gobierno español medios tendentes a emancipar las Islas?

«Para conseguir este fin [de resolver la emancipación de Filipinas y prepararla para darle la libertad] se hace necesario adoptar un sistema cuasi diametralmente opuesto al primero [de retención perpetua de las Islas]. El objeto principal debe ser el que no se derrame sangre, que las relaciones de amistad y de comercio con la España no se interrumpan, que los españoles europeos que en ella se encuentra no pierdan sus bienes muebles o inmuebles, y sobre todo que nuestra raza allí, los españoles filipinos, conserven sus haciendas y los derechos de naturalización y queden libres de la desgraciada suerte que les amenaza y aún que inevitablemente les espera, si se separa violentamente y en este momento la colonia. Es preciso fomentar la instrucción pública por todos los medios posibles, permitir periódicos sujetos a una liberal censura, establecer en Manila un colegio de medicina, cirujía y farmacia: romper las vallas que dividen las razas, amalgamándolas todas en una, a cuyo fin se admitirán para cadetes de los cuerpos militares, con perfecta igualdad a españoles del país, mestizos chinos y filipinos: se abolirá la contribución del tributo personal, o se impondrá uno igual y general, al que estarán sujetos todos los españoles; este último plan me parece más conveniente por hallarse la capitación ya establecida y no ser oportuno hacer prueba de contribuciones nuevas cuando se trate de dejar al país que se gobierne por sí mismo. Como el tributo actual no es igual, se tomará el promedio y se fijará por consiguiente, a quince o diez y seis reales por tributo entero, o sea un peso fuerte anual para cada persona adulta tributante: este arreglo producirá un aumento en las rentas de 2 a 300,000 pesos fuertes, cuya suma se consagrará a dar impulso a la mezcla de las razas, protegiendo los matrimonios cruzados por medio de dotes concedidos a las solteras de este modo. A una mestiza china que se case con un filipino 100 ps. fs.; a una filipina que se case con un mestizo chino 100 ps. fs.; a una mestiza china que se case con un español 1,000 ps. fs.; a una española que se case con un mestizo chino, 2,000 ps. fs.; a una filipina que se case con un español 2,000 ps. fs.; a una española que se case con un principal filipino, 3 o 4,000 ps. fs. Se nombrarán algunos alcaldes mayores de provincia mestizos y filipinos; se mandará que cuando un principal filipino vaya a casa de un español le dé asiento como a su igual, en fin, por éstos y otros medios se borrará de la mente de los naturales la idea de que ellos y los castilas son dos clases de gentes distintas, y se emparentarán las familias de tal modo que cuando libres del dominio castellano quisiesen algunos exaltados filipinos expulsar o esclavituar a nuestra raza la hallasen tan entrelazada con la suya propia, que fuese su proyecto materialmente impracticable. Al cabo de algunos años cuando esté la población desbastada suficientemente, se formará una asamblea de diputados del pueblo para que celebre sesiones en Manila durante dos o tres meses cada año, en las cuales se tratará de los negocios públicos, particularmente de las contribuciones y presupuestos; y después de algún tiempo de tal educación política se podrá sin temor retirar nuestro gobierno, fijando antes el que haya de quedar establecido, que probablemente sería alguna Constitución análoga a las de Europa, con un príncipe real al frente escojido de entre nuestros infantes.

Mi tarea está concluída. Cual de los planes arriba analizados sea más justo o conveniente seguir, no me toca a mí recomendar cuanto menos proponer.

Añadiré, sin embargo, una página para emitir mi opinión como individuo de la nación española. Si yo hubiese de elegir votaría por el último. No sé qué beneficios hayamos reportado de las colonias: la despoblación, la decadencia de las artes y la deuda pública nos vienen en gran parte de ellas. El interés de un Estado consiste, a mi modo de ver, en tener una población densa y bien educada; y no hablo solamente de educación literaria o política, sino de aquella general que hace a cada uno perfecto en su oficio, quiero decir de aquella que constituye a un ebanista, tejedor, o herrero, el mejor ebanista, tejedor, o herrero posible. El mayor o menor número de máquinas es en nuestro siglo un termómetro cuasi seguro para conocer el poder de los imperios.

Una colonia no puede ser útil sino con el fin de llenar alguno de estos tres objetos. Hacer de ella un país tributario para aumentar la renta de la metrópoli; (como efectúa la Holanda por medio de un sistema compulsivo y exclusivo); erigirla en segunda patria y sitio de emigración para la población sobrante (como son más particularmente la Australia, Van-Diemen y Nueva Zelandia); en fin procurarse en ella una plaza para espender productos de la fábricas nacionales (que es el principal blanco de los establecimientos ultramarinos modernos). Para el primero ya hemos visto que las Filipinas son un pobre recurso y lo serán en mucho tiempo; y no me admiraré de que antes de perderlas nos cuesten al contrario algunos millones; para el segundo, son innecesarios; pues no tenemos población sobrante de que descargarnos; y para el tercero inútiles, pues carecemos de manufacturas que exportar. Barcelona que es el país más fabril de la Península no tiene con ellas la menor comunicación directa: todo lo que se lleva allí desde Cádiz consiste en un poco de papel, aceite y licores: sino fuese por el tabaco y los pasageros que van y vienen, uno o dos buques anuales bastarían para encerrar todas las especulaciones mercantiles entre ambos países. Algunos observarán sin embargo, que si ahora nuestra industria está atrasada podrá dentro de algunos años hallarse al nivel de las más perfectas y contar en Filipinas con un rico mercado ... La separación no impedirá entonces esta ventaja: el comercio de Inglaterra con la América del Norte, es ahora cien veces mayor que cuando obedecía a sus leyes.—Que si no tenemos población sobrante podremos tenerla dentro de un siglo.... Entonces las Filipinas no estarán escasas de habitantes y sería preciso emigrar a las Marianas.—Que si dejamos el país, pronto se perderá, por lo menos entre los naturales, la religión cristiana.... Como no soy misionero, confieso que la objeción no me hace gran fuerza y creo que Dios basta por sí solo para cuidar de la salvación de sus pueblos....—Que atendida la dificultad de defender aquel país dividido en muchas islas y sus demás circunstancias no se puede dudar de que pronto caerían con alguna excusa o sin ella en poder de la Inglaterra, Francia ú Holanda, de lo cual hasta ahora se ha librado por el respeto que se tiene a la España, y que si no en manos de potencias europeas caerían en las de naciones asiáticas, especialmente de los chinos, bajo cuyo yugo gemirían ya hace muchos años, si no hubiesen batallado para impedirlo soldados de Castilla, o si no en las de los nacientes estados de Nueva Australia, Van-Diemen y Nueva Zelandia.... Por estos principios deberíamos erigirnos en caballeros andantes de todos los pueblos desvalidos: cuando tal caso llegue, los españoles establecidos en el país tendrán siempre el recurso de volver a su patria primitiva....—Que la España ha gastado por las islas más de 300 millones de pesos fuertes, a más de infinitas vidas, y es muy justo que nos reembolsemos.... También hemos gastado mucho oro en expediciones a la Tierra Santa, y no pensamos en recobrarle....—Que con un rey o gobierno propio tendrían los filipinos que pagar más pesadas contribuciones que las que ahora de ellos se exigen como es fácil comprobar con el ejemplo de las naciones libres, sin exceptuar a la misma España.... Lo propio ha sucedido a los griegos, que están ahora más pobres y pagan más que antes de la insurrección, y sin embargo no llaman a los Osmanlis. Y si los filipinos nos echan de menos algún día, se acordarán entonces de nuestros tiempos con reconocimiento, y se arrepentirán de la ingratitud que muchos de ellos nos han manifestado...—Que la culpa de algunos no ha de caer sobre la cabeza de todos, que los que desean la ruina de nuestro dominio son los menos, los díscolos y los ambiciosos; y que si se preguntase a los habitantes uno por uno si querrían que nos marchásemos o nos quedásemos los 90 por 100 votarían por lo último.... Suponiendo que sea esto cierto, no me convence enteramente, porque sé que las mujeres turcas juzgan que su suerte es muy feliz y compadecen la de las Europeas y ésta no es sin embargo, una razón para creer que su condición es envidiable y que si conociesen otra vida que la del harem pensasen del mismo modo. En conclusión, si conservamos las islas por amor a los isleños, perdemos el tiempo y el mérito; porque el agradecimiento se encuentra a veces en las personas, más nunca debe esperarse de los pueblos; y si por amor nuestro, caemos en una anomalía porque ¿cómo combinar el que pretendamos para nosotros la libertad y queramos al mismo tiempo imponer la ley a pueblos remotos? ¿por qué negar a otros el beneficio que para nuestra patria deseamos? Por estos principios de moral y justicia universal y porque estoy persuadido de que en medio de las circunstancias políticas en que se halla la España se descuidará el estado de aquella colonia;

no se adoptará (ésta es mi convicción) ninguna de las medidas que yo propongo para conservarla; y se emancipará violentamente, con pérdida de muchos bienes y vidas de españoles europeos y filipinos, pienso que sería infinitamente más fácil, más útil y más glorioso el adquirir nosotros el mérito de la obra, anticipándonos con la generosidad. Así los escritores extranjeros que tantas calumnias han estampado injustamente contra nuestros gobiernos ultramarinos, escritores de naciones que nunca satisfacen su hambre de colonias, tendrían por lo menos esta vez que decir; «los españoles, cruzando nuevos y remotos mares, extendieron el dominio de la geografía descubriendo las Islas Filipinas. Hallaron en ellas la anarquía y el despotismo, y establecieron el orden y la justicia: encontraron la esclavitud y la destruyeron imponiendo la igualdad política; rigieron a sus habitantes con leyes, y leyes benévolas; los cristianizaron, los civilizaron, los defendieron de chinos, de piratas moros y de agresores europeos; les llevaron mucho oro y luego les dieron la libertad.» (*Política interior....* págs., 95 al 101).

Como los papeles que aquí exhumamos y reproducimos pertenecen al régimen español y son de procedencia española, nuestras notas se circunscriben también a homogéneas fuentes de información, así autógrafas, como manuscritas o impresas, y de nuestra propiedad, con el objeto de indicar, de una manera autorizada, las distintas fases y aspiraciones de la política española en Filipinas, omitiendo, de las impresas, las de general conocimiento y de fácil adquisición.

Epifanio de los SANTOS CRISTOBAL.

C. de la Real Academia de Historia.

Proceso del doctor José Rizal Mercado y Alonso

PLAZA DE MANILA.

Año de 1897.

CAPITANIA GENERAL DE FILIPINAS

Juzgado de Instrucción, CAUSA.1

Instruída por rebelión, sedición y asociación ilícita contra el Dr. José Rizal Mercado y Alonso.

Empezaron las actuaciones en 3 de Diciembre de 1896. Fue preso el acusado en

Juez Instructor	Secretario
El Capitán de Infantería	El Cabo E. del Regimiento No. 74
Don Manuel Carrillo y Ojeda2	Juan González García

—Oficio del general Blanco. Manila. 2 Diciembre 1896 remitiendo al Juez instructor D. Rafael Domínguez, un «testimonio deducido de los autos, referente al encartado en ellos y detenido incomunicado en la Real Fuerza de Santiago D. José Rizal y Mercado Alonso» que con fecha 26 de Noviembre le había remitido el Juez instructor D. Francisco Olive.

[Coletilla de Blanco:]

«Lo que con inclusión del testimonio que se cita en el anterior inserto, traslado a Vd. a fin de que con el carácter de Juez y auxiliado del Secretario que tiene designado al efecto, proceda a incoar con la mayor actividad la correspondiente causa, haciéndole presente que el citado D. José Rizal y Mercado Alonso se halla preso incomunicado en la Real Fuerza de Santiago donde queda a su disposición.

—3 Dbre. 1896.—Queda aceptado el Secretario, Cabo europeo del Regimiento de Manila núm, 74 Juan González García.

—3 Dbre. 1896.—Diligencia de quedar unido el testimonio.

Un testimonio de los cargos que le resultan al Dr. D. José Rizal Mercado y Alonso, deducidos de la causa que se instruye en dicho Juzgado [militar de la Capitanía General, en la plaza de Manila] contra D. Benedicto Nijaga y otros individuos, por los delitos de rebelión y asociación ilícita. [Juez instructor, Coronel de Infantería D. Francisco Olive García; Secretario, el 1.er teniente del Regto. infantería n.o 73 D. José Fandos Novella.]

[Fol. 4.]

—Folios 2293 al 2230 vuelto. Declaración indagatoria del médico detenido D. José Rizal Mercado y Alonso.

"Manila, a los veinte días del mes de Noviembre de mil ochocientos noventa y seis, compareció ante S. S.a y presente secretario el individuo anotado al margen, y habiendo sido preguntado convenientemente y advertido por S. S.a de la obligación que tiene de decir verdad, Dijo: Llamarse D. José Rizal Mercado y Alonso, natural de Calamba, Provincia de La Laguna, mayor de edad, de estado soltero, profesión médico, no ha estado procesado; y—Preguntado si conoce a Pío Valenzuela, si les une parentesco o amistad, si están enemistados y si le tiene por sospechoso, Dijo: Que en Dapitan conoció un médico llamado D. Pío que

[Fol 4 vto.]

le llevó un enfermo de la vista, al que no conocía anteriormente ni volvió a ver y al que más bien le une amistad y reconocimiento por las atenciones que guardó a la familia del declarante durante el viaje y el regalo que le hizo de un botiquín.—Preguntado: si conoce a Martín Constantino Lozano, si les une parentesco o amistad, si están enemistados o si le tiene por sospechoso, Dijo: Que no conoce a ninguna persona de ese nombre, pero que pudiera ser que conozca al individuo si le viera; y Preguntado si conoce a Águedo del Rosario,... Dijo: que no conoce ningún individuo de ese nombre, pero pudiera suceder que le conociera personalmente; y Preguntado si conoce a José Reyes Tolentino..., Dijo: que no le conoce; y preguntado si conoce a Antonio Salazar,... Dijo: que conoce un sujeto apellidado Salazar que es dueño del Bazar del «Cisne,» donde se provee de zapatos el declarante, pero no le conoce personalmente ni sabe si su nombre es Antonio; y Preguntado si conoce a José Dizon, Dijo: Que ha oído nombrar a un grabador de ese nombre y apellido, pero no le conoce personalmente;

y Preguntado si conoce a Moisés Salvador,... Dijo: que conoció a Moisés Salvador en 1890 en Madrid; que no les une parentesco, pero que en aquella echa tuvieron trato como paisanos, pero que no le tiene por sospechoso; y Preguntado: si conoce a Domingo Franco, comerciante en tabaco en rama que vive en Nagtajan, Dijo: Que no le conoce; y Preguntado: si conoce a Irineo Francisco, Dijo: que no le conoce; y Preguntado: si conoce a Deodato Arellano... Dijo: Que le conoce, porque cuando vino el declarante a Manila en 1887 le visitó para felicitarle por el «Noli me tangere»; que en 1890 tuvo el declarante algunos disgustos y rozamientos con Marcelo H. del Pilar, cuñado de Deodato Arellano y supo que éste último habló mal del declarante y hasta manifestó que estaba bien deportado en Dapitan por cuyo motivo le tiene por sospechoso; y Preguntado, si conoce al teniente D. Ambrosio Flores, presidente del Consejo Regional Masónico de Filipinas, Dijo: que no le conoce personalmente ni de nombre; y Preguntado si conoce a Teodoro Plata, Dijo: que no le conoce personalmente ni de nombre; y Preguntado si conoce a Ambrosio Salvador, Dijo: que le conoce por ser el padre de Moisés Salvador, al que le fue presentado por su hijo; y Preguntado si conoce a Bonifacio Arévalo, Dijo: Que le conoce porque estuvo a comer un domingo el declarante en la casa de Bonifacio Arévalo, al que no ha vuelto a ver desde entonces, y Preguntado: si conoce a Timoteo Páez... Dijo: Que le conoció en 1892, porque le fue presentado por Pedro Serrano, con el cual tuvo alguna intimidad en aquella fecha; pero luego ha sabido el declarante en Dapitan que estaba en contra suya; y Preguntado: si conoce a Francisco Cordero, Dijo: Que no le conoce personalmente ni de nombre; y Preguntado, si conoce a Estanislao Legazpi, que vive en la calle de Encarnación, núm. 36, de Tondo, Dijo: Que no le conoce personalmente ni de nombre, pero cree recordar alguna firma de Legazpi en alguna carta dirigido a Marcelo H. del Pilar o alguna otra

[Fol 6.]

persona; y Preguntado si conoce a los hermanos Alejandro y Venancio Reyes, sastres establecidos en la Escolta, Dijo: Que conoce un compañero de Colegio que se apellida Reyes, que tiene sastrería en la Escolta, en la que se hizo un traje, pero no tiene amistad con el citado; y Preguntado: si conoce a D. Arcadio del Rosario,... Dijo: Que le conoció en Manila siendo niño el declarante y luego en Madrid tuvo con Don Arcadio algún trato; y Preguntado: si conoce a D. Apolinario Mabini, Dijo: Que no le conoce personalmente ni de nombre; y Preguntado si conoce a Pedro Serrano,... Dijo: Que le ha conocido en Manila en 1887, y luego han tenido alguna intimidad en Europa, pero luego ha sabido el declarante que le hacía la guerra, por lo que le tiene por sospechoso. Y Preguntado.—(sic) Además de llevarle un enfermo a Dapitan, ¿con qué otro objeto hizo el viaje Pío Valenzuela, y de qué asuntos le habló y dió conocimiento, Dijo: Que el médico D. Pío le habló al declarante de que iba a llevarse a cabo un levantamiento

[Fol. 6 vto.]

y que les tenía con cuidado lo que pudiera ocurrirle al declarante en Dapitan. El dicente le manifestó que la ocasión no era oportuna para intentar aventuras, porque no existía unión entre los diversos elementos de Filipinas, ni tenían armas, ni barcos, ni ilustración, ni los demás elementos de resistencia, y que tomaran ejemplo de lo que ocurría en Cuba, donde a pesar de contar con grandes medios, con el apoyo de una gran Potencia y de estar avezados a la lucha, no podían alcanzar sus deseos, y que cualquiera que fuera el resultado de la lucha, a España le convendría hacer concesiones a Filipinas, por lo que opinaba el declarante debía de esperarse; y Preguntado: si ha formado o constituído en Madrid una Asociación de Filipinos, qué nombre o denominación se le dio a la aludida Sociedad, y cuáles eran su objeto y fines, Dijo: Que con un nombre o denominación que en este momento no recuerda, que el declarante constituyó una Asociación de Filipinos en Madrid, que tuvo corta existencia, y cuyo objeto era el de moralizar la Colonia Filipina. Y Preguntado qué relación existía entra la aludida Sociedad y el periódico La Solidaridad, Dijo: Que eran independientes una de otra; Que Mar-

[Fol. 7.]

celo H. del Pilar hacía trabajos para que La Solidaridad y la Asociación fuesen dirigidas por el citado Marcelo; y encontrando el declarante marcada oposición por el citado Marcelo a sus deseos de que no se realizara la fusión, dejó la dirección de la Sociedad el declarante y se marchó a París. Y Preguntado: Qué tendencias políticas perseguía la repetida Sociedad, Dijo: Que ninguna; que la parte política estaba encomendada al periódico

La Solidaridad, dirigido por Marcelo H. del Pilar. Y preguntado si ha dado comisión a alguna persona o si ha hecho trabajos para la instalación de Logias Masónicas en Filipinas, Dijo: Que puede asegurar que no ha tenido la menor intervención de la Masonería en estas Islas. Y Preguntado si ha redactado los estatutos o reglamentos para una Asociación denominada «Liga Filipina», y a qué persona remitía dichos estatutos, y con qué objeto, Dijo: Que en 1891 llegó a Hong-Kong el declarante y se hospedó en la casa de D. José Basa, cuyo sugeto, en las varias conversaciones que tuvieron, le dijo al dicente que la Masonería había tenido gran éxito en Filipinas; pero que los masones estaban muy quejosos en la parte

[Fol. 7 vto.]

referente a su administración; y excitado por D. José Basa el que declara, redactó los estatutos y reglamento de una Sociedad denominada «Liga Filipina», bajo las bases de las prácticas masónicas. Y Preguntado para qué objeto y fines se instituía la «Liga Filipina», Dijo: Que el objeto de la Asociación era para conseguir el establecer la unión entre los elementos del país, con el fin de fomentar el comercio, estableciendo una especie de Asociación Cooperativa. Y Preguntado: Qué fines políticos se perseguían por la repetida «Liga Filipina», Dijo: Que en este momento no recuerda el declarante haber indicado ningún fin político en los estatutos; que se los entregó a José Basa, no recordando a la persona que se los remitió. Y Preguntado si escribió a alguna persona interesándola que se enterara de los estatutos de «La Liga», Dijo: Que es posible que el declarante haya escrito a alguna persona, pero que no recuerda en este momento. Y Preguntado: si en los días 27 y 28 de Junio de 1892, hizo un viaje de ida y vuelta a la provincia de Tárlac, acompañado de Pedro Serrano, y con qué objeto, Dijo: Que no recuerda la fecha; pero que debió ser el día treinta

[Fol. 8.]

de Junio y 1.º. de Julio cuando al tomar el tren de Malolos para ir a Tárlac, encontró a Pedro Serrano acompañado de un joven que le presentó con el nombre de Timoteo Páez acompañando ambos al declarante en su viaje que tenía por objeto conocer el ferrocarril y las provincias; en aquel entonces estaba ya tendida la vía, la cual terminaba en Tárlac. Y Preguntado: si por iniciativa del declarante se verificó una reunión en la casa de Doroteo

Ong-junco, antes o después de su viaje a Tárlac, Dijo: Que asistió a la reunión indicada, pero que no tomó la iniciativa el declarante y tuvo lugar algunos días después de su viaje a Tárlac; que Timoteo Páez le dijo al que declara, que algunos filipinos deseaban verle y saludarle, contestándole que no tenía inconveniente y acompañado de Timoteo Páez asistió a la reunión. Y Preguntado de qué se trató en la aludida reunión, Dijo: que se trató de la «Liga Filipina» y de la Masonería, y que recuerda que tomó la palabra Pedro Serrano, proponiendo que se fundieran la «Liga» y la Masonería, procurando atender las quejas y remediarlas, creyendo el declarante que aceptó la idea puesto que se separaron cordialmente. Y Preguntado: si al dirigir la palabra a los convocados en la casa de Doroteo Ong-junco, sobre poco más o menos dijo el declarante lo siguiente: «Que le parecía

[Fol.8 vto.]

que estaban muy desalentados los filipinos, y que no aspiraban a ser un pueblo digno y libre, por lo que se ve siempre a merced de los abusos de las autoridades, como así lo había manifestado el general Despujol en una de sus conferencias; que los abusos eran debidos a las facultades discrecionales que tienen los Gobernadores y que era preciso pensar en ello; que a pesar de los consejos de algunos amigos para que no viniera a Manila por temor al daño que pudieran hacerle sus enemigos, había venido para ver de cerca al toro y al mismo tiempo para arreglar la desunión que existe entre los amigos de la propaganda y que la desunión de los filipinos en Madrid, la zanjó cuando fue a Europa, y que a pesar de todo Marcelo H. del Pilar era un buen amigo. Después habló Rizal sobre la importancia de que se estableciera la «Liga» conforme al reglamento de que era autor y para alcanzar sus fines; reglamento del que todos debían tener conocimiento; que por medio de la Liga adelantarían las artes, las industrias, el comercio, y el país, siendo rico y estando unido el pueblo, conseguirían su propia libertad y hasta su independencia.» Dijo: Que conviene en que cuanto se le ha dicho haya podido decirlo el declarante en la reunión en la casa de Doroteo Ong-

[Fol. 9.]

junco, porque lo ha dicho muchas veces; pero que no está seguro si en la aludida reunión lo dijo. Que respecto a que estaban desalentados y desunidos los filipinos, no pudo decirlo el declarante porque estaba penetrado de lo contrario al ver que la Masonería se había propagado más de lo que era de esperar. Asímismo no pudo decir el declarante que había conseguido la unión de los filipinos en Madrid, porque era todo lo contrario, hasta el punto que hubo desafíos entre ellos. Y Preguntado: si antes de terminar la reunión en casa de Doroteo Ong-junco, se procedió a la elección de cargos, para la organización de los trabajos de la «Liga», y si resultaron elegidos, provisionalmente, Presidente Ambrosio Salvador y Secretario Deodato Arellano, recomendando el declarante a D. Ambrosio la mayor actividad, la unión y la armonía entre los asociados, Dijo: Que efectivamente ocurrió lo que se le pregunta, excepto en lo referente a que fuera elegido Secretario Deodato Arellano, porque el declarante no tiene ni siquiera idea de que Arellano asistiera a la reunión. Y en este estado dispuso S. Sa. suspender esta declaración ... José Rizal y Alonso.—Francisco Olive.—Miguel Pérez [Secretario.]

Folios del 2301 al 2304. Ampliación a la declaración del médico D. José Rizal y Alonso.

Manila, a los veintiún días del mes de Noviembre de mil ochocientos noventa y seis, compareció .... manifestándose conforme, afirmándose y ratificándose en ella, teniendo sin embargo que hacer algunas pequeñas rectificaciones en algunos detalles que ha recordado mejor el declarante, y después de advertido por S. Sa. de la obligación que tiene de decir verdad, fue Preguntado: Si ha asistido a una reunión que hubo en el mes de Junio o Julio de 1892 en la casa de Estanislao Legaspi, calle de la Encarnación, Tondo, en la cual casa fue presentado por Juan Zulueta y Timoteo Páez, Dijo: Que durante su estancia en Manila por aquella fecha, comía todos los días en diferentes casas, y puede que lo haya hecho en la de Estanislao Legaspi, pero no recuerda ningún detalle personal del sujeto, ni de la casa ni de la fiesta; pero de apellido Legaspi recuerda que creyéndole un pseudónimo lo ha visto en Hong-Kong, en

[Fol. 10.]

algunas cartas dirigidas a José Baza, y Preguntado: Si tomó la iniciativa para la reorganización de la «Liga Filipina» que tuvo lugar en uno de los primeros meses del año de 1893, Dijo: Que no tiene noticia de la reorganización de la «Liga», ni ha tomado ninguna iniciativa para dicho objeto el declarante, ni ha tenido ninguna relación

con la aludida sociedad. Y Preguntado: si conoce a Andrés Bonifacio, Presidente del Consejo Supremo del «Katipunan» y si ha estado relacionado con el citado individuo, Dijo: Que no le conoce por el nombre, siendo ésta la primera vez que lo oye y personalmente tampoco, aún cuando asistiera a la reunión en la casa de Doroteo Ong-junco, donde le fueron presentados muchos que ni siquiera recuerda sus nombres ni su figura. Y Preguntado: Cómo explica el declarante que su retrato estuviera entre los afiliados a dicha Asociación, Dijo: Que respecto al retrato, como el declarante se hizo en Madrid uno de regular tamaño, pueden haber adquirido alguna reproducción; respecto a que se tomara su nombre como de guerra, ignora el declarante el motivo, pues no ha dado ni pretexto para ello, y lo considera como un abuso incalificable; que sí sabía por referencia de su familia que se abusaba del nombre del declarante para recaudar fondos

[Fol. 8 vto.]

en su favor, y el declarante, además de darle cuenta al comandante político-militar de Dapitan para que lo pusiera en conocimiento del Excmo. Sr. Gobernador general, interesó a su familia el declarante para que por medio de sus conocimientos [dijese] que el dicente no pedía limosna, y que tenía fondos suficientes, con lo que le producía su profesión y lo que había ganado de la Lotería, para todas sus atenciones. Y Preguntado: Si ha tenido conocimiento para que estuviera prevenido de que se intentaba su evasión de Dapitan, Dijo: Que ha oido rumores de tal intento, pero que no se le ha dicho directamente al declarante, ni hubiera aceptado el salir en semejante forma de Dapitan, a no ser que hubiera sido arrancado violentamente y sin saberlo de antemano el dicente. Y Preguntado si personas de importancia o de representación por cualquier concepto en estas islas, simpatizaba y apoyaba las ideas del declarante ostensiblemente, Dijo: Que no sabe de ninguna persona de representación o importancia, simpatice ni coadyuve en favor de los ideales del declarante, ni ostensible ni secretamente, y que más bien ha recibido pruebas en contrario. Y Preguntado:

Si conoce a José Ramos y a Doroteo Cortés, y qué clase de relaciones les une, Dijo: Que la primera vez que vino de

[Fol. 11]

Europa el declarante, tuvo algún trato aquí en Manila con José Ramos; pero la segunda vez que vino de Europa no ha hablado ni visto siquiera a José Ramos. Respecto a Doroteo Cortés, le conoció de vista cuando era estudiante el dicente; pero no le ha hablado nunca; y hasta cree que Doroteo Cortés no le quiere bien, atribuyendo al declarante que fue la causa de su deportación. Y Preguntado si conseguida la evasión de Dapitan en cualquiera forma, el declarante había de ir al Japón a reunirse con Doroteo Cortés y Marcelo H. del Pilar, para gestionar de aquel Gobierno que prestara ayuda a los filipinos, Dijo: Que no ha tenido conocimiento de semejante cosa, y que los que han propalado semejante especie, ignorando sin duda el antagonismo que existe entre Doroteo Cortés y el declarante, que no les permite obrar juntos para nada. Y Preguntado: Qué objeto y qué gestiones tenía las practicadas por el declarante para establecer una Colonia Filipina en Sandakan, Dijo: Que no era una Colonia Filipina en Sandakan lo que proponía el declarante, sino domiciliarse con su familia en aquella Colonia Inglesa, como así se lo manifestó a S. E. el Ge-

[Fol. 11 vto.]

neral Despujol en carta desde Hong-Kong y de palabra, cuando el declarante vino a Manila. Y Preguntado, habiéndosele puesto de manifiesto una nota que existe entre los papeles ocupados al declarante, acerca de la desviación de una brújula, con relación a Dapitan; qué objeto tiene o tenía el aludido apunte, Dijo: Que la nota que se le pone de manifiesto se la facilitó al declarante el P. Sanchez [S. J.] al regalarle una brújula cuando estuvo en Dapitan,

y la aludida nota es una observación hecha, según cree el declarante, por el P. Cirera. Y en este estado dispuso S. S.a suspender esta ampliación... el declarante se mostró conforme, afirmándose y ratificándose en ella...—José Rizal y Alonso.—Francisco Olive.—Miguel Pérez. [Secretario.]

[Siguen citas de las declaraciones prestadas por: Pío Valenzuela Alejandríno,—Martín Constantino Lozano,—Aguedo del Rosario Llamas,—

José Reyes Tolentino,—Antonio Salazar y San Agustín,—José Dizon y Matanza,—Moisés Salvador y Francisco,—Domingo Franco y Tuason,—Irineo Francisco Quison,—Deodato Arellano y Cruz,—Ambrosio Salvador,—Timoteo Páez,—Pedro Serrano y Lactao. (Y aquí acaba el testimonio.)

[Fol. 20.]

—3 Diciembre 1896.—Dispone el juez que se oficie al Gobernador de La Laguna para que remita la partida de bautismo, informes de conducta, etc., del acusado.

—3 Diciembre.—Dispone el juez que se oficie al Gobierno General pidiendo antecedentes sobre la conducta del acusado.

[Fol. 20 vto.]

—Diligencia de haber recibido un oficio con documentos.

[Fols. 21 y 22.]

—Oficio del Coronel Olive, juez de instrucción de la Capitanía general, remitiendo dos documentos, y copias de otros: Manila, 4 Diciembre 1896.

[Fol. 23.]

[Autógrafo del P. Cirera:]

Jhs.

La pequeña brújula del P. Sánchez tiene un error instrumental de 3.º próximamente; esta desviación es hacia el O.

Teniendo en cuenta la declinación de Dapitan tendremos que para que la línea S. N. de la brújula se dirija al N. exactamente; la aguja debe quedar 1° 40' al O.

R. C. S. J. (Rubricado.)

Manila 18 Agosto 92.

[Fol. 24.]

A L G D G A D U

Masonería Universal triangle.gif ¬ Familia Filipina.

Libertad, Igualdad, Fraternidad

La Gr Log Central Nilad de A L y A masones, en federación del Gr Or Esp (sede en Madrid)

envía

S F U

al q h Dimasalang; y le hace saber:

Que en ten ord del 31 de Enero ppdo, se acordó por este cuadro nombrar Ven de honor de esta Resp Gr Log al susodicho h a quien se dirige el infranscrito Sec G S , como premio a sus relevantes servicios en pro de su país natal.

Igualmente le participa que oportunamente se le comunicará el proyecto de reorganización mas que el que suscribe presentó al Gr Or Esp. por lo cual se recabó los plenos poderes para constituirnos en familia aparte, como en efecto, levantamos colum-

[Fol. 25.]

nas en 6 de Enero ppdo.

Lo que transcribo para su conocimiento;

Recibe q h el ósculo de paz que os envían los oobr de este tall

VVall de Manila 9 de Febrero de 1892 (e v)

Panday-Pira, gr 3.º

[Fol. 26.]

[Copia de documentos remitida por el Juez Olive]

«...... documentos escritos en tagalo y clave pertenecientes a Andrés Bonifacio encontrados por la Guardia civil Veterana en la bodega del Sr. Fresell, los que traducidos al castellano y numerados, entre otros particulares citan al Dr. Rizal en la forma siguiente:

[Carta de Antonio Luna:] Madrid 16 de Octubre 88.—Mi querido amigo Mariano [Ponce]: Rizal ha dicho muy bien de Lete (filipino estudiante de Derecho en Madrid, director del periódico «España en Filipinas»)

[Fol. 26 vto.]

que no servía para grandes empresas. Consulta con éste sobre esto de la dirección del periódico a Llorente. Rizal conoce a ambos; sabe también la capacidad de Llorente y es muy íntimo suyo, pues son dos chicos de valer, y Rizal le tiene a Llorente en muy buen concepto. Pídele consejo y ten muy en cuenta lo que él te diga. Dile que he conseguido de Llorente que aceptara la dirección.—Un abrazo y eleva a consulta el asunto a Rizal.—Tuyo,—Antonio.—P. D. Rómpe esta carta después de enterarte de su contenido.—Indícame en seguida las señas de Rizal en Londres.

[Carta de Carlos Oliver:] Barcelona, 18 de Septiembre de 1891—Pelayo, 11, 4.º, 2.a—Muy señor mío y de toda mi consideración: Razón tendría Vd. para calificarme de atrevido, dirigiéndome sin tener el honor de ser conocido por Vd.; no es la persona humilde que con su nombre le firma, sino el patriota que en su pequeñez quiere colaborar en la regeneración

[Fol. 27.]

de su oprimida Patria.—Hemos sabido con general sentimiento que entre los dignos individuos de ese Comité domina por hoy cierta presunción contra el amigo Rizal.—En una de sus correspondencias me escribe el citado R. lo que íntegramente transcribo a continuación.—«Siento mucho que me hagan la guerra, desprestigiándome en Filipinas, pues me resigno con tal que el que me haya de sustituir, prosiga la obra comenzada. Pregunto sólo a los que dicen que yo desuno a los filipinos: ¿había algo sólidamente unido antes que yo entrase en la vida política? ¿Había algún jefe cuya autoridad haya querido combatir? ¡Es triste cosa que en la esclavitud nos arrojemos los trastos a la cabeza! Me alegro mucho saber el entusiasmo de Uds. por fundar un periódico; espero que tendrá las mismas aspiraciones que la "Sol "; es un campeón más.»—Leido esto, el que ve en lontananza el porvenir de

[Fol. 27 vto.]

Filipinas, el que conociéndolo sabe que peligra al menor percance, víctima como es de la más tirana opresión, le pregunto: ¿así [se] corresponde al hombre que patriótica y abnegadamente se ha olvidado de sí mismo para sacrificarse [¿por la Patria?] trabajando por ella para ponerse al lado de sus hermanos, alentarlos y tenerlos dispuestos para el momento de la lucha?—El que cree aún en una Providencia no puede menos de ver en ese hombre el hombre providencial que ella envía entre todos nosotros, para que nos conduzca a la tierra prometida de la Libertad.—Creo de más recomendarle el sigilo que se debe guardar en este punto.—Aprovecho esta ocasión para ofrecerme suyo afmo. s. s. q. b. s. m. Carlos Oliver.

[Carta de Rizal Segundo.—Fechada en Manila, Sept. 17 1893.—Dice que el 16 de Sept. fueron arrestados en sus casas Doroteo Cortés y Antonio Salvador]

[Fol. 28.]

y conducidos delante del Gobernador Civil que les ordenó que fuesen deportados inmediatamente a los distritos de Príncipe y Bontoc. [Deplora el comunicante el estado en que se hallan los filipinos, cada vez más tiranizados.—Dirígese al Editor del Hongkong Telegraph.—Atribuye esas deportaciones a los frailes que tenían a los dichos sujetos por «amigos» de Rizal.]

[Carta de Ildefonso Laurel. Lamet (sic)] Manila 3 de Septiembre de 1892.—Sr. D.

[Fol. 28 vto.]

José Rizal.—Dapitan.—Querido amigo y paisano:—A mi llegada en esta desde la Bahía he sabido la triste desgracia que le ha sucedido. Su padre en una noche que estuve de visita en su casa me ha dado la noticia de que dentro de poco será Vd. indultado. ¡Cuánto nos alegraríamos fuese verdad esta noticia!—El estado de ánimo del pueblo se encuentra latente, y siempre en espera de Vd., como a su redentor y salvador.—No dude Vd. de la fidelidad de sus paisanos, pues todos lloran con Vd. la traición de que ha sido Vd. víctima, y todos dispuestos están a sacrificar su sangre por su salvación y la de nuestra patria.—Todos le saludan por medio de mí y le envían el abrazo de amor a la patria con que todos algún dia, unidos, desean morir.—Ildefonso Lamet (sic). [¿Laurel?] P. D.—Nuestro amigo D. Deodato Arellano me ha dicho que ha recibido dos cartas de Madrid dirigidas a Vd. sin que pueda enviarle hasta ahora por carecer de medios, y por tanto espero la disposición que Vd. adoptase.

[Fol. 29.]

Kundiman.

En el bello Oriente,
Donde nace el sol,
Una tierra hermosa
Henchida de encantos
Con fuertes cadenas
El déspota abruma,
¡Ay! esa es mi patria,
Mi patria de amor.

Cual esclava muere,
Entre hierros gime,
Dichoso quien puede
Darla libertad.
Manila, 12, 9, 91.—El autor J. R.

[Anónimo] ¡Qué iniquidad! Sr. Director del periódico Hongkong Telegraph.—Muy señor mío.—Por decreto de la superior Autoridad del Archipiélago Filipino ... [Deplora el destierro de Rizal.]

[Fol. 29 vto.]

[Carta de Dimasalang (Rizal.) Hong-kong 24 Mayo 1892.—2 Reduaaele Terrace.—Al H Tenluz.—Querido h (Después de censurar un artículo publicado en el periódico La Solidaridad, cuyo autor era un tal Lete que le ofende y cuya satisfacción la deja al arbitrio prudente del comité, dice:) Repito una vez más. No comprendo la razón del ataque, cuanto que yo me dedico ahora a preparar a nuestros paisanos un seguro refugio en caso de persecución y a escribir algunas obras de propaganda, que dentro de poco saldrán a luz. El artículo además es altamente impolítico y perjudicial para Filipinas. ¿Porqué decir que lo primero que necesitamos es tener dinero? Lo sabido se calla y no se lava la ropa en público.—Saludo fraternalmente a todos.—Suyo afmo.—Dimasalang.

[Carta de Dimasalang (Rizal).—Hong Kong 1 de Junio de 1892.—2, Reduaxele Terrace.—A la P. P.—Queridos hermanos. (Se refiere a la colonización de Borneo con una

[Fol. 30.]

colonia filipina. Termina diciendo:) Sin más, espero que ese comité nos secundará en esta patriótica obra, como él la llama.—Su h —Dimasalang.

[Carta de Rizal.] Príncipe 1, 3.°—Madrid, 20 Agosto 1890. [Dirígese a sus padres y hermanos.] (Después de manifestarles que no había podido hablar con el Ministro de Gracia y Justicia respecto a un expediente gubernativo contra varias personas, dice, entre otras cosas:) Si las Autoridades [de Filipinas] fuesen ilustradas, ni habría expedientes gubernativos traidores, ni chanchullos ni infamias. Yo veo la Providencia en estos destierros de personas ilustradas en puntos lejanos para mantener despierto el espíritu de los pueblos, no dejarlos dormir en una paz letárgica,

[Fol. 30 vto.]

esparcir las ideas, acostumbrar al pueblo a no temer los peligros, a odiar las tiranías, etc. Mañana veré lo que ha de resultar de mi entrevista con el Ministro. Muchos recuerdos a todos; beso lo mano a nuestros padres.—Vuestro hermano—Madude.

A Talisay—himno
Niños somos, pues tarde nacimos,
mas el alma tenemos lozana,
Y hombres fuertes seremos mañana
Que sabrán sus familias guardar.
Somos niños que nada intimida,
Ni las olas, ni el baguio, ni el trueno;
Pronto el brazo y el rostro sereno,
En el trance sabremos luchar.
Nuestros brazos manejan a turno
El cuchillo, la pluma, la azada,
Compañeros de la fuerte razón.
Laonglaan (Rizal.)

[Carta de Marcelo H. del Pilar a Deodato Arellano.] Madrid, 7 Enero 1891.—R. Dzte: Ayer día de Reyes correspondimos a Rizal y compa. con una merienda.—Rizal quiere vincular La Solidaridad en la Colonia Filipina, y yo me

[Fol. 31.]

he opuesto.—Recuerdos a todos, y recibid el abrazo fraternal de vuestro Vzkkqjc del Pilar.

[Carta de Marcelo H. del Pilar a D. Juan A. Tunluz (Juan Zulueta).] Madrid, 1.º de Junio de 1893.—Sr. D. Juan A. Tunluz.—Mi querido amigo. (Después de comunicarle los disgustos que tenía con Rizal y del inmenso mal que un tal Serrano había causado a los intereses de la Masonería con la malversación de ciertas cantidades recaudadas para la Propaganda, dice, entre otros particulares:) La Masonería Peninsular es para nosotros un medio de propaganda. Si los masones de allí (ahí) pretenden hacer la Masonería un órgano de acción para nuestros ideales, estarían muy equivocados. Es preciso un organismo especial dedicado especialmente a la causa filipina; aunque sean masones sus miembros o algunos de sus miembros es preciso que no dependa de la Masonería. Parece que esto es lo que viene a realizar la L. F.—Sin

[Fol. 31 vto.]

más por hoy, recuerdos...—Marcelo.

[Discurso de Emilio Jacinto.] (Concluye:) Mientras tanto, alentemos nuestros corazones con estos gritos: ¡Viva Filipinas! ¡Viva la Libertad! ¡¡Viva el Doctor Rizal!! ¡¡Unión!!—23 de Julio 1893.—Pin kian.

[Fol. 32.]

[Discurso de José Turiano Santiago.] (Concluye: Gritemos de una vez: ¡Viva Filipinas! ¡Viva la Libertad! ¡Viva el eminente Dr. Rizal! ¡¡Muera la Nación opresora!! Manila, Sta. Cruz, 23 de Julio de 1893.—Tik tik.

[Acaban las copias.]

[Fol. 33.]

—Resumen del Juez de instrucción [D. Rafael Domínguez]. (Autógrafo.)

.... resulta: que el procesado José Rizal Mercado es el organizador principal y alma viva de la insurrección de Filipinas, fundador de Sociedades, periódicos y libros, dedicados a fomentar y propalar las ideas de rebelión y sedición de los pueblos y jefe principal del filibusterismo del país, según se comprueba por las declaraciones siguientes:

[Fol. 33 Vto.]

Folio 12. Martín Constantino dice, el objeto y fin de la Asociación era el matar a los españoles, proclamar la Independencia y nombrar supremo a Rizal.

Al folio 12 vuelto, Águedo del Rosario manifiesta: que Rizal es Presidente honorario del Katipunan; que su retrato está en el salón de actos, y que Pío Valenzuela fue encargado para comunicar a Rizal que el pueblo pedía el levantamiento en armas.

A folios 24 se une una carta masónica por la cual se nombra venerable de honor al hermano Dimasalang (nombre simbólico de José Rizal) como premio a sus relevantes servicios en pro de su país natal.

A folios 12 vto. y 13, José Reyes dice: Rizal era uno de los muchos masones que trabajaban por la independencia de estas Islas; que vino de España Moisés Salvador con instrucciones de Rizal para establecer una Liga Filipina, cuyos estatutos estaban redactados por José Rizal.

A folios 14 al 15, Moisés Salvador asegura que José Rizal constituyó en Madrid una Asociación de Filipinos que dirigía la instalación de Logias en Filipinas y trabajos filibusteros, en la cual fue elegido Presi-

[Fol. 34.]

dente; que estando Rizal en Hong-Kong le remitió al declarante los estatutos para organizar la «Liga Filipina», cuyos jefes eran Rizal y H. del Pilar; que la Liga era para proporcionar medios para conseguir la independencia de Filipinas; que en Junio llegó Rizal a Manila y tuvo una reunión en casa de Doroteo Ong-junco, manifestando la necesidad de la Liga para conseguir la separación de estas islas de la Nación española.

Al folio 14, José Dizon manifiesta: que la Liga era para allegar fondos para los gastos del levantamiento en armas, y que el Katipunan ý la Liga constituían una misma Asociación.

A folio 15, Domingo Franco dice que Rizal convocó una reunión en casa de Doroteo Ong-junco manifestando en ella la conveniencia de establecer la Liga para allegar fondos a fin de alcanzar prontamente la independencia de estas islas, y que acogida la idea, fue nombrado Presidente de la Liga Ambrosio Salvador.

A folio 16 al 17 y 18 vto., Deodato Arellano manifiesta que comisionado por José Rizal vino de España Pedro Serrano para establecer Logias; que estas Logias tenían por objeto la propaganda filibustera; que Timoteo Páez recibió una carta de Rizal,

[Fol. 34 Vto.]

cuando éste estaba en Hong-Kong, remitiendo un reglamento

de la Liga; que una vez Rizal en Manila convocó una reunión en casa de Ong-junco, de todos los asociados a la Liga, resultando elegido Presidente

Ambrosio Salvador; que deportado Rizal a Dapitan, las Logias allegaron fondos para su evasión, citando el discurso de Rizal, por el cual se hace ver la importancia de la Liga y que marcharía a Hong-kong porque esperaba la resolución del gobierno para establecer una colonia filipina en Sandakan (Borneo).

A folio 17, Ambrosio Salvador dice que en la reunión celebrada en casa de Ong-junco se trató de organizar una Liga, propuesta por Rizal, y que fue elegido Presidente el declarante.

A folio 19, Pedro Serrano manifiesta que hizo una expedición con Rizal al pueblo de Tárlac; que estuvo en la reunión de casa de Ong-junco; que habló Rizal, y otros del periódico Solidaridad y en contra de la Masonería.

A folio 12, Pío Valenzuela dice que reunidos en Pásig acordaron un viaje al Japón, para el cual esperarían la resolución de Rizal.

[Fol. 35.]

A folio 13 Antonio Salazar dice que Timoteo Páez fue con la hermana de Rizal a Singapore para fletar un barco, y caso de escaparse Rizal, se iría al Japón a reunirse con Doroteo Cortés y Marcelo H. del Pilar, detallando la suscripción que se hizo para facilitar la evasión de Rizal, deportado en Dapitan.

A folio 16, Francisco Quizon dice que se acordó costear el viaje a Pío Valenzuela para ir a Dapitan y manifestar a Rizal, jefe supremo del Katipunan, que la Sociedad tenía vivos deseos de llevar a efecto el levantamiento.

A folios 17 al 18, Timoteo Páez manifiesta que asistió a la reunión en casa de Ong-junco; que Rizal remitió a Moisés [Salvador] unos estatutos de la Liga, y éste se los llevó al declarante, y que cuando fue a Singapore lo hizo por mero recreo.

El acusado José Rizal en su indagatoria y ampliación

a folios 4 al 11, no niega en absoluto los cargos que le resultan, pero tampoco afirma concretamente, más que en escasas contestaciones; no obstante deja esclarecer llanamente su culpabilidad y la certeza de

[Fol. 35 vto.]

las declaraciones anteriores.

[Enumera luego los documentos aportados, que quedan reproducidos]

[Fol. 37 vto.]

Y considerando, el Juez instructor que suscribe, ultimado el período de sumario, a falta de unir los antecedentes y fe de bautismo del acusado, pero que en atención a

[Fol. 38.]

la mayor actividad mandada observar en el superior decreto que encabeza pueden unirse al ser recibidos; tengo el honor de elevar a la respetable autoridad de V. E. la presente causa, para la resolución que proceda.—Manila 5 de Diciembre de 1896.—Excmo. Señor.—Rafael Domínguez.

[Fol. 38 vto.]

[Diligencia de entrega: 5 Dbre. 1896.]

[Fol. 39.]

[Decreto:] Manila, 5 de Diciembre de 1896.

Pase a dictamen del Señor Auditor general de Guerra.—Blanco.

[Dictamen del Auditor.]—[Manifiesta procede] «elevar a plenario esta causa»

El procesado continuará en prisión y el Instructor incoará la correspondiente pieza de embargo en cantidad de un millón de pesos al menos.

El mismo Instructor tendrá presente que la obligación de defensor no puede recaer en abogado, sino precisamente en oficial de Ejército.

V. E. no obstante...

Manila, siete de Diciembre de mil ochocientos noventa y seis.—Excmo. Sr.—Nicolas de la Peña.»

[Fol. 40.]

[Decreto del general Blanco, 8 Dbre. 1896, de conformidad con el anterior dictamen, y disponiendo pase la causa al teniente auditor de 1.a a D. Enrique de Alcocer.]

[Fol 41.]

(Autógrafo.)

Excmo. Sr.:—El Fiscal, evacuando el traslado de calificación a que se refiere el art.° 542 del Código de Justicia Militar, formula las siguientes conclusiones provisionales:

1.a Los hechos que han dado margen a la formación de esta causa, constituyen los delitos de rebelión en la forma que lo define el artículo 230 en relación con el núm. 1.° del 229 del Código penal vigente en este Archipiélago, y el de fundar asociaciones ilícitas, previsto en el núm. 2° del 119 de dicho Código, siendo el segundo medio necesario para cometer el primero.

2.a De estos delitos aparece responsable

[Fol. 41 Vto].

en concepto de autor, el procesado D. José Rizal Mercado.

3.a El Fiscal renuncia a la práctica de ulteriores diligencias de prueba.

Manila 9 de Diciembre de 1896.—Excmo. Sr.:—Enrique de Alcocer y R. Vaamonde.

[Fol. 42.]

[Oficio del fiscal remitiendo la causa al juez instructor: 9 Dbre. 1896.]

[Fol. 43.]

[Diligencia de haber el juez recibido la causa: 9 Dbre. 1896.]

[Diligencia de pedir lista de defensores: 9 Dbre. 1896.]

[Fol. 43 Vto.]

[Diligencia de haber recibido la lista de defensores: 10 Dbre. 1896.]

Lista de los defensores. [Fols. 45-46.]

[Consta de Ciento seis nombres de primeros y segundos tenientes de infantería, caballería, artillería e ingenieros.]

[Fol. 48.]

[Nombramiento de defensor.—Presentada la lista al acusado, éste eligió por defensor a D. Luis Taviel de Andrade, primer teniente de Artillería: 10 de Dbre. 1896.]

[Taviel de Andrade acepta: Manila, 10 de Dbre. de 1896.]

[Fol. 49.]

[Diligencia de pasar oficio al Defensor, para que acuda a la fuerza de Santiago, el día 11, para asistir a la lectura de cargos: 10 Dbre.]

[Diligencia de abrir pieza separada de embargos,] «para resarcir los daños causados al Estado en la cantidad de un millón de pesos al menos, lo que debe embargarse»: 10 Dbre.

[Fol. 50 Vto.]

[Diligencia de sacar testimonio para la pieza de embargos: 10 Dbre.]

[Diligencia dando lectura de los cargos al procesado: 11 de Dbre. 1896.]

[Fol. 51.]

1.º Si tiene que alegar incompetencia de jurisdicción, [etc.,] Dijo: que no.

2.º Si tiene que enmendar o añadir algo a sus declaraciones. Dijo: que no tiene nada que enmendar; que únicamente añade, que desde que fue deportado a Dapitan, no se ha vuelto a ocupar de política para nada.

3.º Si se conforma con los cargos que le hacen en el escrito fiscal y dictamen que se le ha leído, Dijo: Que no se conforma respecto a ser autor ni cómplice de la rebelión; que únicamente está conforme con lo de haber redactado los estatutos de la Liga Filipina con objeto de fomentar el

[Fol. 51 Vto.]

comercio y la industria.

4.º Si interesa a su defensa que se ratifique en su declaración algún testigo del sumario, o se verifique alguna diligencia de prueba, y cuál sea ésta, Dijo: Que no se conforma con las declaraciones de los testigos, que se le han leído, y que de las copias de los documentos no se conforma más que con la poesía a Talisay, con la carta masónica y con la carta desde Madrid a sus padres y hermanos; y que renuncia a la práctica de ulteriores diligencias. [Firman el Juez, el Acusado, el Defensor y el Secretario.]

[Fol. 52.]

[Diligencia omitiendo careos.] El Señor Juez Instructor dispuso hacer constar por medio de la presente diligencia que se omiten los careos del procesado de los testigos, por considerarlos de ningún resultado para la comprobación del delito, por encontrarse éste convenientemente probado, y con sujeción al artículo 469 del Código de Justicia militar.—(11 de Dbre. de 1896.)

[Diligencia de pasar un oficio al Capitán General.—Para que reitere la petición de datos al Gobernador civil de La Laguna: 11 Dbre.]

[Fol. 53.]

[Dictamen del Juez instructor.]

—(Eleva la causa al Capitán general «por si la encuentra en estado de verse y fallarse en Consejo de guerra ordinario de plaza, con sujeción al artículo 560 del Código de Justicia militar, o resolución que estime en justicia.»—13 Dbre. 1896.)

[Fol. 53 vto.]

[Diligencia de entrega.—Entrégase la causa al Capitán general: 13 Dbre. 1896.]

[Fol. 54.]

[Decreto] Manila, 13 de Diciembre de 1896.—Pase a dictamen del Sr. Auditor General de Guerra.—Polavieja.

[Dictamen.] Excmo. Señor.—Practicadas las diligencias propias del plenario, procede que esta causa sea vista y fallada en Consejo de guerra ordinario de plaza, sin asistencia de Asesor, previos los trámites de acusación y defensa.—V. E. no obstante, [etc.] Manila, 17 de Diciembre de 1896.—Nicolás de la Peña.

[Fol. 54 vto.]

[Decreto.] Manila 19 Diciembre 1896.—Conforme con el anterior dictamen, veáse y fállese la presente causa en Consejo de guerra ordinario de plaza, previos los trámites de acusación y defensa, a cuyo fin, pase al teniente auditor de primera D. Enrique Alcocer quien, la remitirá después a su Instructor capitán D. Rafael Domínguez, para lo demás que corresponda.—Polavieja.

[Fol. 55.]

[Diligencia de haber recibido el juez instructor la presente causa: Manila, 21 Dbre. 1896.]

[Diligencia de unir documentos: 21 Dbre. 1896.]

[Fol. 56.]

(Autógrafo.)

Señor Juez, Instructor.

D. José Rizal Mercado y Alonso, de 35 años de edad, preso en la Real Fuerza de Santiago por procedimiento que se me sigue, a V. S. respetuosamente expone:

Que habiendo tenido ocasión de saber que su nombre se usaba por algunos individuos como grito de guerra, y habiendo tenido motivos para creer después que aún siguen algunos engañados, o en esta creencia tal vez, promoviendo disturbios; como quiera que desde un principio el que suscribe ha reprobado semejantes ideas y no quiere que se abuse de su nombre, suplica a V. S. se sirva manifestarle, si, en el estado en que se encuentra, le sería permitido manifestar de una manera o de otra que condena semejantes medios criminales, y que nunca ha permitido que se usase de su nombre. Este paso solo tiene por objeto el desengañar a algunos desgraciados, y acaso salvarlos, y el que suscribe no desea en ninguna manera que influya en el curso de la causa que se le sigue.

Dios, [etc.]—Manila, Real Fuerza de Santiago, 10 de Diciembre de 1896.-José Rizal.

[Fol. 56 vto.]

[Decreto.] Manila, 10 de Diciembre 1896.—Pase a dictamen del Auditor de Guerra.—Blanco.

[Autógrafo.]

[Dictamen.] Excmo. Señor:—Hallándose en plenario la causa que por rebelión se sigue contra D. José Rizal Mercado, y alzada la incomunicación que éste sufrió en los primeros días de dicho procedimiento, ningún obstáculo existe para que el mencionado Rizal pueda dirigirse a sus adeptos recomendándoles la paz, siempre que las manifestaciones verbales o escritas que haga sean conocidas en el acto de hacerse o entregarse para su publicación, por el jefe del establecimiento en que está preso, o por funcionario que lo represente.

La presencia en la prisión

[Fol. 57.]

de las personas que visiten al recurrente, se ajustará a las prescripciones û órdenes que regulen tales visitas.

V. E. puede acordarlo así, a la vez que la unión de la precedente instancia a la causa de su razón, si acertado lo estima.

Manila, 11 de Diciembre de 1896.—Nicolas de la Peña.

[Decreto.] Manila 13 de Diciembre de 1896.—Conforme con el anterior dictamen, vuelva al Juez instructor Capitán Don Rafael Domínguez, para que cumplimente cuanto se propone.—Polavieja.

[Fol. 57 vto.]

[Diligencia de haber recibido la instancia.—14 Dbre.]

[Fol. 58.]

[Diligencia de notificación al acusado D. José Rizal.—15 Diciembre.—Rizal quedó enterado de que podía dirigir el manifiesto a que hacía alusión en su instancia del día 10.]

[Fol. 59.]

[Manifiesto autógrafo de Rizal.]

»Manifiesto a algunos filipinos

Paisanos:

»A mi vuelta de España he sabido que mi nombre se había usado entre algunos que estaban en armas como grito de guerra. La noticia me sorprendió dolorosamente; pero, creyendo ya todo terminado, me callé ante un hecho que consideraba irremediable. Ahora percibo rumores de que continúan los disturbios; y por si algunos siguen aún valiéndose de mi nombre de mala o de buena fé, para remediar este abuso y desengañar a los incautos me apresuro a dirigiros estas líneas, para que se sepa la verdad. Desde un principio, cuando tuve noticia de lo que se proyectaba, me opuse a ello, lo combatí y demostré su absoluta imposibilidad. Esta es la verdad, y viven los testigos de mis palabras. Estaba convencido de que la idea era altamente absurda, y, lo que era peor, funesta. Hice más. Cuando más tarde, a pesar de mis consejos, estalló el movimiento, ofrecí espontáneamente, no solo mis servicios, sino mi vida, y hasta mi nombre, para que usasen de ellos de la manera como creyeren oportuno a fin de sofocar la rebelión; pues convencido de los males que iba a acarrear, me consideraba feliz si con cualquier sacrificio podía impedir tantas inútiles desgracias. Esto consta igualmente.

»Paisanos: He dado pruebas como el que más de querer libertades para nuestro país, y sigo queriéndolas. Pero yo ponía como premisa la educación del pueblo para que por medio de la instrucción y del trabajo tuviese personalidad propia y se hiciese digno de las mismas. He recomendado en mis escritos el estudio, las virtudes cívicas, sin las cuales no existe redención. He escrito también (y se han repetido mis palabras) que las reformas, para ser fructíferas, tenían que venir de arriba, que las que venían de abajo eran sacudidas irregulares e inseguras. Nutrido en estas ideas, no puedo menos de condenar y condeno esa sublevación absurda, salvaje, tramada a espaldas mías, que nos deshonra a los filipinos y desacredita a los que pueden abogar por nosotros; abomino de sus procedimientos criminales y rechazo toda clase de participaciones, deplorando con todo el dolor de mi corazón a los incautos que se han dejado engañar. Vuélvanse, pues, a sus casas, y que Dios perdone a los que han obrado de mala fé.

«Real fuerza de Santiago, 15 de Diciembre de 1896.—José Rizal.»

[Fol. 60.]

[Decreto.] Manila 18 Diciembre 1896.—Pase con urgencia a dictamen del Sr. Auditor general de Guerra.—Polavieja.

Informe del auditor.

Pasado el manifiesto a informe del auditor, el Sr. Peña lo emitió en estos términos.

«Excmo. Sr.: La precedente alocución que a sus paisanos proyecta dirigir el doctor Rizal no entraña la patriótica protesta que contra las manifestaciones y tendencias separatistas deben formular cuantos blasonen de ser hijos leales de España. Consecuente con sus declaraciones, D. José Rizal se limita a condenar el actual movimiento insurreccional por prematuro y por considerar ahora imposible su triunfo; pero dejando entrever que la soñada independencia podría alcanzarse con procedimientos menos deshonrosos que los seguidos al presente por los rebeldes, cuando la cultura del pueblo sea valiosísimo elemento de lucha y garantía de éxito. Para Rizal, la cuestión es de oportunidad, no de principios ni de fines. Su manifiesto pudiera condensarse en estas palabras: Ante la evidencia de la derrota, deponed las armas, paisanos; después yo os conduciré a la tierra de promisión. Sin ser beneficioso a la paz, pudiera alentar en el porvenir el espíritu de rebelión; y en tal concepto es inconveniente la publicación del manifiesto proyectado, pudiendo servirse de prohibir su publicación y disponer que todas estas actuaciones se remitan al juez instructor de la causa seguida contra Rizal para que las una a la misma.—V. E., no obstante, acordará.

«Manila, 19 de Diciembre de 1896.—Excelentísimo Sr.—Nicolás de la Peña.»

[Fol. 61.]

[Decreto.] Manila 19 Diciembre 1896.—De conformidad con el anterior dictamen, vuelva al Juez de instrucción capitán D. Rafael Domínguez para cumplimiento de cuanto en el mismo se propone.—Polavieja.

[Fol. 61 vto.]

[Diligencia de unirse a la causa la instancia de Rizal.—20 Diciembre.]

[Diligencia de unir (a la causa) la acusación fiscal.—21 Diciembre.]

[Fol. 62.]

(Autógrafo.)

Al Consejo de Guerra.

El Teniente Auditor Fiscal dice: Que después de examinar las diligencias del plenario, sostiene las conclusiones provisionales que constan en su dictamen de calificación.

Importante en extremo es la causa que está sometida al fallo del consejo, ya que en sus páginas puede estudiarse el nacimiento y desarrollo de la insurrección, que en la actualidad ensangrienta el suelo filipino. Hijos de este país, sobre el que España ha derramado inmensos tesoros de cultura, transformándole en uno de loa pueblos más prósperos del Oriente, olvidaron sus deberes de españoles, y han pretendido alzar bandera de rebelión contra la madre patria, aprovechando traidoramente los momentos en que sus hermanos se encuentran ocupados en sofocar en lejanas tierras otra guerra fratricida; sin tener presente que a España le sobran alientos y energías probadas en distintas ocasiones para no tolerar que el pabellón español deje jamás de flotar en aquellas regiones descubiertas y conquistadas por la intrepidez y el arrojo de nuestros antepasados.

El Doctor D. José Rizal Mercado, que debe cuanto es a España, ya que en las aulas de sus Universidades cursó la carrera de Medicina, es una de las principales, si no la principal figura, del actual movimiento.

El Fiscal, cumpliendo con las obligaciones de su cargo, ha hecho un estudio detenido de la persona de Rizal, y ha podido convencerse, como seguramente se

[Fol. 63.]

convencerá el Consejo, de que su constante ideal, sus trabajos nunca interrumpidos, la única ilusión de su vida, ha sido en este perpetuo agitador del elemento indígena, el conseguir, empleando para ello toda clase de medios, la independencia de Filipinas.

En 1879 y contando apenas diez y nueve años aparece Rizal por primera vez en público, asistiendo a un certamen literario celebrado en esta capital, y en el que consiguió premio por una oda en que ya dejaba traslucir su manera de pensar en la cuestión colonial. A partir de esta fecha, no ha cesado en su labor demoledora para la soberanía de España en Filipinas, y el año 1886 publica, impresa en Berlín, una novela tagala, escrita en castellano, con el título «Noli me tángere», llena de odio

[Fol. 63 vto.]

para la patria, en la que fustiga con los más denigrantes epítetos a los españoles, escarnece la religión católica, tratando de demostrar que nunca será civilizado el país filipino, interín esté gobernado, según él, por los canallas y degradados castellanos.

Inútil es decir, que conocida la obra, fue prohibida su entrada en el Archipiélago; pero Rizal con su habitual astucia, se arregló de modo de contrariar las órdenes de su autoridad, y el libro circuló por todo el Archipiélago, causando el inmenso daño que es de suponer.

El año de 1888 salió el procesado de Manila para el Japón, de allí fue a Madrid, luego a París y después a Londres, con el principal objeto de continuar en todos estos puntos la propaganda filibustera.

[Fol. 64.]

Pasado algún tiempo publica otro libro con el título «El Filibusterismo,» dedicado exclusivamente a ensalzar la memoria de los tres curas indígenas, que por haber tomado parte en la insurrección de Cavite el año 1872, fueron condenados a muerte, y a los que considera como mártires, lanzando de paso amenazas para la nación, que en uso de su derecho, no podía consentir que quedaran impunes atentados contra su legítima soberanía.

En el año 1892, Rizal se presenta al gobernador general y haciendo protestas de mentido arrepentimiento y amor a España, consigue de aquella autoridad el indulto de su padre y tres hermanas que estaban deportados; y para que se comprenda la lealtad con que este individuo procede en todos sus actos, al serle regis-

[Fol. 64 vto.]

trado el equipaje por los vistas de la Aduana se le encuentran gran número de documentos y proclamas separatistas, y a los tres días, faltando a la palabra de honor solemnemente empeñada de no conspirar más, convoca una reunión magna, en la que se echaron los primeros jalones del actual movimiento insurreccional, por suponer, como así sucedió, que no podría permanecer mucho tiempo en esta capital (fue deportado a Dapitan el 7 de Julio de dicho año) y desear que su forzada ausencia no retrasase, ni menos malograse, la marcha de los trabajos filibusteros.

Este es el hombre que vais a juzgar, retratado perfectamente por sus actos, que ponen de manifiesto el odio grande que siempre ha sentido contra España. Ahora me propongo entrar a examinar el

[Fol. 65.]

nacimiento y desarrollo de la actual insurrección, y podrá ver el Consejo que el nombre de Rizal está siempre unido a los trabajos que le han dado vida.

Es un hecho probado, y sobre el cual no cabe la menor discusión, que las logias masónicas han desarrollado en estas Islas, primero, ideas contrarias a la religión; segundo, tendencias contra la dominación española, pretendiendo convertir poco a poco el carácter del indio siempre tan leal, tan fiel, tan respetuoso con el peninsular, en su más encarnizado enemigo, y han querido conseguir esto, empleando los medios, que ridículos y viejos en naciones donde se considera ya a la masonería como una cosa que pasó, son sin embargo, de resultado seguro en estos pueblos de escasa cultura y muy apegados a todo lo externo y teatral. Las apa-

[Fol. 65 vto.]

ratosas ceremonias de ingreso en las logias, con el cuarto colgado de negro, la calavera entre dos velas, los puñales puestos al pecho y los juramentos señalados de una manera indeleble por medio de la incisión en los brazos, son detalles que hacen sonreir en esta época de indiferentismo en que vivimos, pero que dejan siempre en la mente del indio recuerdos que le ligan y le convierten en dócil instrumento para fines que él mismo, en muchas ocasiones, no acierta a comprender.

Triste es decirlo, pero es fuerza confesarlo en obsequio de la verdad. Hace más de veinte años, varios españoles peninsulares fundaron en Filipinas una logia dependiente del «Gran Oriente Español», que si bien no tuvo fines políticos ni mucho menos separatistas, fue sin embargo el primer paso para la creación en el año 1890 de varias

[Fol. 66.]

otras logias compuestas ya del elemento indígena, que

en el corto espacio que media entre desde dicho año hasta la fecha, han llegado a cerca de doscientas, diseminadas en distintos puntos del Archipiélago, y dedicadas exclusivamente a minar poco a poco, pero de una manera tenaz y constante, el dominio de la nación española en este territorio.

El Fiscal va a tratar ahora de la creación de la famosa «Liga Filipina» cuya alma ha sido Rizal, y que tan funestos resultados ha producido en este país. Después de constituir el procesado en Madrid una Asociación que dirigía la instalación de las expresadas logias y los trabajos filibusteros, pasó a Hong-kong, desde donde remitió a Moisés Salvador los estatutos por que había de regirse la «Liga Filipina», cuyos jefes

[Fol. 66 vto.]

fueron Rizal y Marcelo H. del Pilar, y cuyo principal objeto era el allegar fondos para los gastos del levantamiento en armas, a fin de conseguir la independencia de estas islas. En Junio de 1892, y ya en Manila el procesado, convocó una reunión en casa de D. Doroteo Ong-junco, y a la que concurrieron los principales simpatizadores contra la dominación española, y en esa reunión, según propia manifestación de Rizal, que consta en su indagatoria, dirigió la palabra a los presentes diciéndoles, entre otras cosas, «que le parecía que estaban muy desalentados los filipinos, y que no aspiraban a ser un pueblo digno y libre, por lo que se verían siempre a merced de los abusos de las autoridades; que estos abusos eran debidos a las facultades discrecionales de los Gober-

[Fol 67.]

nadores generales, y que a pesar de los consejos de algunos amigos para que no viniera a Manila por temor al daño que pudieran hacerle sus enemigos, había venido para ver de cerca todo y al mismo tiempo para arreglar la desunión que existía entre los amigos de la propaganda, como arregló la de los filipinos en Madrid, concluyendo por afirmar que era importantísimo el establecimiento de la «Liga Filipina» conforme al reglamento de que era autor, y por este medio levantar las artes y el comercio; que el pueblo, siendo rico y estando unido, conseguiría su propia libertad y hasta su independencia.» Todo esto resulta probado en autos, tanto por la propia confesión de Rizal, como por las declaraciones prestadas por José Reyes, Moisés Salvador,

[Fol. 67 vto.]

Ambrosio Salvador, Pedro Serrano, Timoteo Páez, José Dizon, Domingo Franco y Deodato Arellano, añadiendo Martín Constantino, que el objeto y fin de la Asociación era el matar a los españoles, proclamar la independencia del país, nombrando jefe supremo a Rizal, y añadiendo Águedo del Rosario, que el tantas veces repetido Rizal, era el presidente honorario del Katipunan y su retrato figuraba como tal en el salón de actos.

Que tenía importancia suma la expresada «Liga Filipina» y que, merced a la misma, y debido principalmente al reglamento hecho por Rizal, el trabajo de la insurrección fue extendiéndose de día en día por todo el Archipiélago, lo prueba la misma organización de esta Sociedad ilícita, que voy a dar a conocer al Tribunal en cuatro palabras.

[Fol. 68.]

Estaba regida la expresada Sociedad por un llamado Consejo Supremo con residencia en esta Capital, compuesto de un presidente, un tesorero, un fiscal y doce consejeros; además tenía establecidas delegaciones en la Península y en Hong-kong. En cada provincia debía formarse un Consejo provincial, con igual organización que el Supremo, pero limitándose a seis el número de los Consejeros, que a su vez tenía a sus órdenes tantos consejos populares como pueblos hubiera en la provincia. Estos consejos populares debían funcionar en la demarcación del pueblo, dependiendo directamente del Provincial respectivo, así como éstos a su vez del Supremo. Mas comprendiendo el procesado la excepcional importancia que para el triunfo de su causa, era el extender

[Fol. 68 vto.]

con preferencia la semilla del separatismo en la capital, dispuso con maquiavélica intención que cada uno de los doce miembros del Supremo, como personas de influencia y de posición, constituyesen un consejillo popular, dentro de las zonas de su habitual residencia, para que en constante contacto con las masas populares, fuese creciendo en la primera ciudad del Archipiélago el número de los enemigos de España.

Para sostener esta extensa organización, hacía falta fondos, y a este objeto, los respectivos tesoreros de los Consejos tenían el encargo de recaudar un peso de entrada por cada iniciado, debiendo ir más tarde toda la recaudación a una Caja central establecida en la Tesorería del Supremo.

[Fol. 69.]

Vea, pues, el Tribunal si la «Liga Filipina» con esta organización tan vasta, ha sido factor importante, mejor dicho el principal factor de la insurrección, y vea si el Dr. Rizal, al darle vida formando sus estatutos y poniéndose después a su frente, es o no la primera figura de este movimiento.

Hay otro extremo importantísimo del que ahora voy a tratar, ya que de él se desprenden graves cargos contra el acusado. Me refiero, a las explicaciones dadas por Rizal en su indagatoria, para explicar las preguntas del juez instructor, las constantes conferencias que en su destierro de Dapitan tuvo con personas de gran significación, y que luego han aparecido complicadas en estos sucesos. Deportado a dicho punto

[Fol. 69 vto.]

por el gobernador general, en atención a las fundadas sospechas que había hecho concebir su conducta irregular y siempre enemiga de España, allí, como digo anteriormente, recibió las visitas de los principales jefes del movimiento a pretexto de que iban a verle en calidad de médico, pero en realidad para consultarle y conocer sus instrucciones.

Entre estas visitas, merece especial mención la que le hizo su compañero D. Pío Valenzuela, que según, la propia manifestación del acusado, fue a decirle que se proyectaba un próximo levantamiento, teniéndoles con cuidado lo que a él pudiera pasarle, a lo que le contestó que no era oportuna la ocasión para intentar aventuras, por no existir unión entre los diversos elementos de Filipinas, carecer de armas y barcos, debiendo tomar

[Fol. 70.]

ejemplo de lo que ocurría en Cuba, donde los insurrectos, además de estar avezados a la lucha y tener la protección de una gran potencia, no podían alcanzar sus deseos, por lo que opinaba que debía esperarse.

No pensó seguramente Rizal, al hacer estas declaraciones, que constan en su indagatoria, la gravedad inmensa que las mismas encierran. Creyó tal vez que por decir haber aconsejado a sus compañeros de conspiración que todavía era prematuro el alzamiento en armas, se exime de toda responsabilidad, sin comprender que en delitos de esta especie que tienen por base la agitación de las pasiones populares en contra de los poderes públicos, el principal culpable es el que despierta sentimientos dormidos y halaga esperanzas para el porvenir,

[Fol. 70 vto.]

ya que en esta clase de movimientos insurreccionales, si se sabe siempre cómo empiezan, es imposible prever los resultados finales, y mucho menos pretender detener su marcha una vez comenzados. La Historia está llena de ejemplos semejantes, y, si volvemos la vista al no muy lejano período de la Revolución Francesa, podremos observar que los principales hombres que la habían dado vida perecieron arrastrados por la misma, al pretender moderar su avasallador impulso. ¿Fueron por eso menos culpables? Seguramente que no.

Las exculpaciones y disculpas dadas por Rizal para rehuir el castigo, encarnan, por cierto, mal en el que pretende ser el apóstol y redentor del Pueblo Filipino, que si tuvo alientos para conspirar contra la patria, alientos y corazón debía tener

[Fol. 71.]

para sostener sus actos, ya que esas disculpas no pueden amenguar en nada las responsabilidades a que se ha hecho acreedor, porque su deber de español y de hombre honrado era el de haber puesto en conocimiento de las autoridades cuanto se proyectaba, y hasta ayudar con su personal prestigio entre sus paisanos los trabajos de aquellas. ¿No lo hizo así, sino que por el contrario continuó en su obra de propaganda filibustera, esperando un momento propicio para asegurar el éxito del levantamiento, y éste se le adelantó? Pues D. José Rizal es un promovedor del delito de rebelión, y debe sufrir la pena que para el mismo señala el Código.

No se puede menos, señores del Consejo, que ver en Rizal el alma de esta rebelión; sus paisanos con ese entendimiento

[Fol. 71 vto.]

infantil que les es peculiar, le prestan pleito homenaje considerándole casi como un ser superior, sus órdenes de jefe son acatadas sin discusión, y la vanidad humana que si es grave defecto en razas de aventajada cultura, lo es infinitamente más en estas orientales, han hecho que el hombre, pretendiendo salir de la modesta esfera en que por razón natural había de moverse, no vacilara en colocarse al frente de los trabajos revolucionarios, soñando tal

vez con posiciones, triunfos y poderes que la triste realidad de la vida han debido hacerle comprender cuán efímeros son, al tener la necesidad de comparecer hoy ante un consejo de guerra.

Las declaraciones de D. Martin Constantino y Aguedo del Rosario, que constan testimoniadas en esta causa, acumulando

[Fol. 72.]

cargos contra el procesado, de quien dicen era considerado por todos ellos como uno de los principales jefes, son para el mismo de una gravedad inmensa, pero con ser de tanta gravedad, todavía lo son mucho más las prestadas por personas de tanta significación en los actuales sucesos como José Reyes, Moisés Salvador, José Dizon, Pedro Serrano y Pío Valenzuela, que al dar cuenta del desarrollo y marcha de la insurrección hacen ver que la dirección suprema de la misma estuvo siempre vinculada en la persona del acusado.

Es preciso, pues, que D. José Rizal satisfaga a la justicia el tributo de que la es deudor, como lo han hecho ya otros muchos desgraciados que a consecuencia de sus trabajos y predicaciones, y con bastante menos responsabilidad que él, han

[Fol. 72 vto.]

tomado parte en esta rebelión.

De dos delitos acusa el Fiscal al Dr. Rizal Mercado, perfectamente comprobados en esta causa. Es el primero, el de haber fundado una Sociedad, ilícita, que como la «Liga Filipina», tenía por único objeto cometer el delito de rebelión. El segundo de los hechos punibles, de que en concepto de este Ministerio aparece también responsable el procesado, es el de haber promovido, induciendo con los continuos trabajos que anteriormente se expresan en este dictamen, la actual rebelión. Estos delitos están respectivamente definidos y castigados en los artículos 188 núm. 2.º en relación con el núm. 1.º del 189 y 230 en relación con el 229 núm. 1.º del Código penal vigente en este Archipiélago, siendo el primero medio necesario para ejecutar el segundo, ya que sin la propaganda y bases establecidas

[Fol. 73.]

por las Sociedades secretas, que como la «Liga Filipina» han funcionado en este territorio, no hubieran seguramente tenido lugar los sucesos que hoy se lamentan. Tiene en ambos delitos el acusado la participación de autor, con la concurrencia de la circunstancia especial a que se refiere el artículo 11 de dicho Código, de ser el reo indígena, que en el caso presente y dada la naturaleza, alcance y trascendencia de los hechos perseguidos, es preciso apreciar como agravante.

La pena establecida por la ley para los fundadores de Sociedades ilícitas, es la de prisión correccional en sus grados mínimo y medio y multa de 325 a 3250 pesetas. La que señala al inductor o promovedor de un delito de rebelión consumada, es la de cadena perpetua a muerte, pero cuando como

[Fol. 74 vto.]

aquí ocurre, un delito es medio necesario para cometer el otro, entonces, con arreglo a lo prevenido en el Artículo 89, es preciso imponer la pena asignada al más grave, aplicándola en su grado máximo, debiendo por consiguiente, castigarse el delito de rebelión con la pena de muerte.

Resumiendo: 1.º Los hechos perseguidos constituyen los delitos de fundar asociaciones ilícitas y de promover e inducir para ejecutar el de rebelión, siendo el primero medio necesario para ejecutar el segundo.

2.º De ambos delitos aparece responsable, en concepto de autor, el procesado D. José Rizal.

3.º En la ejecución de los mismos, es de apreciarse como agravante la circunstancia de ser el reo indígena sin ninguna atenuante.

[Fol. 74.]

En su consecuencia, pido en nombre de S. M. el Rey (q. d. g.) para D. José Rizal y Mercado Alonso, la pena de muerte, como autor de los expresados delitos, que en el caso de indulto llevará consigo, de no remitirse especialmente, las accesorias de inhabilitación absoluta perpetua y sujeción de aquél a la vigilancia de la autoridad por el tiempo de su vida, debiendo satisfacer en concepto de indemnización la cantidad de veinte mil pesos; todo con arreglo a los artículos once, cincuenta y tres, sesenta y tres, ochenta, ochenta y nueve, ciento diez y nueve, ciento ochenta y ocho, número dos, ciento ochenta y nueve, número uno, doscientos veinte y nueve, número uno, doscientos treinta y demás de general aplicación del Código penal

[Fol. 74 vto.]

vigente en este Archipiélago.

Vais a decidir, desempeñando la augusta misión de jueces, acerca de la futura suerte de D. José Rizal; pero tened presente en esos solemnes momentos, que os piden justicia las muchas víctimas que, con motivo del actual movimiento insurreccional, duermen el sueño eterno en esta tierra que siempre ha de ser española; que asi mismo os piden justicia esas esposas e hijas de pundonorosos oficiales, villanamente ultrajadas por una muchedumbre desenfrenada y cruel; que os piden justicia, millares de madres que con el llanto en los ojos y la angustia en el corazón siguen paso a paso las peripecias de esta campaña, pensando constantemente en sus hijos, que con la bravura propia del soldado español, luchan, sufriendo los rigores de un

[Fol. 75.]

clima tropical y las asechanzas de una guerra traidora, por defender el honor y la integridad de la patria, y por último, que os pide justicia el Fiscal, como representante de la Ley.

Manila 21 de Diciembre de 1896.

Enrique de Alcocer y R. Vaamonde.

[Fol. 76.]

[Diligencia de entrega al defensor de la presente causa.—22 Dbre.]

[Fol. 76 vto.]

[Diligencia de haber recibido la causa, del Defensor.—23 Dbre.]

[Diligencia de haber recibido y unido un oficio del gobierno general, con antecedentes del acusado.—23 Dbre.]

[El informe del Gobierno general, fechado a 22 Dbre. 1886, remítese con oficio de la misma fecha.]

[Fol. 79.]

Copia autorizada del informe dado por esta Secretaría al Excmo. Sr. Gobernador General, acerca del Dr. Rizal.

Este informe lo redactó D. José Martos O'Neale.

(letra de escribiente.)

[Después del preámbulo.—[Fol. 80.]

D. José Rizal y Mercado, mestizo chino, natural de Calamba, en la provincia de La Laguna, después de cursar con aprovechamiento las asignaturas que comprenden el Bachillerato, en el Ateneo Municipal, que dirigen en esta ciudad los PP. de la Compañía de Jesús emprendió la carrera de Medicina y Farmacia en la Universidad, donde solo cursó los primeros años, trasladándose después a la Metrópoli, donde la terminó brillantemente, viajando después por Francia, Alemania e Inglaterra, durante algunos años, que si le valieron para aprender los respectivos idiomas de aquellas naciones, que con perfección posee, hubieron

de servirle para descatolizarse y para despertar en su fantasía meridional sueños de redimir a su país de la dominación española, de los cuales dió como primera prueba la novela de costumbres «Noli me tangere», impresa en Berlín.

De la meditada lectura de ella, se infiere, por manera bien evidente, una marcada tendencia del autor a desprestigiar por medio del ridículo dos instituciones que han servido y sirven de apoyo a la dominación española en estas islas: las Órdenes religiosas y la Guardia civil, instituciones antes siempre respetadas por la masa general del pueblo indígena.

Apercibida en tiempo oportuno la Superior Autoridad de estas Islas, a la sazón, el Excmo. Sr. D. Emilio Terrero y Perint, de la perniciosa tendencia de aquella novela, prohibió su circulación por el Archipiélago, a propuesta de la Comisión permanente de Censura, y se dieron órdenes terminantes a las autoridades para que impidieran la entrada en este territorio de tan funesta obra de propaganda y de descrédito para la dominación española. Ello no obstante, nunca pudo impedirse que en mayor o menor importancia circulara por estas Islas el «Noli me tangere» en sus dos ediciones tagala y castellana, adquiriendo notoriedad y renombre su autor, quien, por los años de 1886 a 87, de improviso regresa a su país estableciéndose en el pueblo de su naturaleza, no sin hallarse sujeto a una vigilancia estrecha, ejercida discretamente por el teniente de la guardia civil del puesto de Calamba, a quien el general Terrero comisionó expresamente para tan delicada e importante misión.

Poco tiempo transcurrió desde la llegada del Dr. Rizal a Calamba, hasta que por orden de la Superior Autoridad de estas Islas vino a esta capital acompañado del referido teniente de la Guardia civil, para ser embarcado fuera del Archipiélago. De este hecho no obra antecedente alguno cierto en esta Secretaría; pero consta en la memoria del Sr. Martos, segundo jefe de la misma, que en aquella fecha prestaba, como ahora, sus servicios en la misma, y por eso, no pueden precisarse las causas que impulsaron al dignísimo General Terrero para adoptar aquella determinación con el Dr. Rizal; pero las que fueran, deberán constar entre los antecedentes que de aquel individuo existan en las oficinas del 20 tercio de la Guardia civil.

Sin embargo, es de suponer fundadamente que las predicaciones antipatrióticas y antireligiosas del Dr. Rizal entre sus compoblanos, excitándoles principalmente a dejar de pagar el canon que la mayor parte de ellos están obligados a pagar a la Orden Dominicana, como arrendatarios de terrenos que aquella posee en la jurisdicción de dicho pueblo, fuera la causa de su extrañamiento de estas Islas, en evitación de aquellas predicaciones, exaltando los ánimos de aquellas sencillas gentes, que en Rizal veían poco menos que un enviado de la Providencia.

Desde esta época arranca verdaderamente la importancia del Dr. Rizal como desafecto a España.

Establecido en la Península y residiendo tan pronto en Barcelona como en Madrid, funda el periódico separatista La Solidaridad, donde en unión de los hermanos Luna Novicio, de Marcelo Hilario del Pilar y de Graciano López Jaena, ya difuntos los dos últimos, vierten el virus antipatriótico y antireligioso que ha perturbado este país. Asóciase también por aquel entonces a la Masonería, entablando relaciones estrechas con Morayta para obtener, como obtuvo, que se organizaran en el Archipiélago logias de color, produciendo con ello un cisma entre los peninsulares residentes en estas Islas afiliados a la secreta secta, cisma que produjo el retraimiento de la mayor parte de aquellos, y el gran incremento de la funesta Masonería indígena.

Por esta época también reimprimió Rizal en Berlín y publicó con anotaciones, la Historia de Filipinas de D. Antonio de Morga. Trata de probar el iluso Doctor Filipino en sus citadas notas, que en este país existió antes de la dominación española una civilización moral y material tan adelantada que sobre ella asentaron los españoles las bases de la que hoy existe que poco a poco ha ido perdiéndose, hasta el punto que los actuales indios han olvidado la fundición y construcción de cañones, entre otras cosas que los antiguos conocían perfectamente.

De esta perniciosa y falsa doctrina constantemente propagada por Rizal en todas sus obras y escritos y secundada por Pedro Molo Paterno que se pasea libremente por Manila en la actualidad con el cargo de Director del Museo-Biblioteca, en su «Civilización Tagalog,» se han deducido consecuencias tan falsas y tan funestas para la dominación española, como las de que aquella subsiste no por derecho de conquista, sino por virtud de «pactos y alianzas» concertadas entre nuestros antepasados y los Reyezuelos de estas Islas, y lo de que la Reforma Municipal del Sr. Maura restablecía de lleno el Antiguo Barangay Tagalo. Discurso pronunciado por el Excmo. Sr. D. Pedro Alejandro Molo Paterno con ocasión de inaugurarse en Pagsanjan (Laguna) un monumento a D. Antonio Maura.

Por último, manifiesta sus ideas separatistas el Dr. Rizal en su última obra «El Filibusterismo» que dedica a los mártires de Cavite Padres Gómez, Burgos y Zamora, ajusticiados, por traidores a la Patria, en 1872, como principales promovedores de aquella rebelión.

Con los trabajos masónicos, como base de la organización separatista de una parte, y con la propaganda de sus obras de otra, que circulaban profusamente por el Archipiélago, minaba el Dr. Rizal esta sociedad, en la que de día en día sumaba adictos por diferentes concausas, que fuera impertinente enumerar, siendo la principal de ellas la natural tendencia de las Colonias a la emancipación.

Hasta aquí, Excmo. Sr., los datos que acerca de la conducta del Dr. Rizal, tiene en su memoria el que tiene el honor de suscribir, algunos de los cuales seguramente podrán tener fácil comprobación, según ha manifestado más arriba, con los que existan en las comandancias del 20 tercio de la Guardia civil y de la Veterana.

Los antecedentes que acerca de la persona del Dr. Rizal obran en la Secretaría de este Gobierno general del digno cargo de V. E. arrancan de Junio de 1892, en que el entonces Gobernador general de estas Islas ordenó la instrucción de expediente gubernativo a consecuencia de predicaciones y propagandas antireligiosas y antipatrióticas, llevadas a cabo por el Dr. Rizal a su regreso a estas Islas en aquel año.

De dicho expediente resulta que autorizado el Dr. Rizal por la Superior Autoridad de estas Islas, para regresar a ellas, a virtud de pretensión formulada oficialmente en este sentido desde Hong-kong, titulándose director del movimiento o partido progresista filipino, llegando su osadía hasta a ofrecer sus leales servicios para el más fácil gobierno de estas Islas, desembarcó en esta Capital el 26 de Junio de 1892, hallándose en el equipaje de su hermana que le acompañaba un crecido número de proclamas, sin pie de imprenta, encabezadas con las palabras «Pobres frailes». (De ellas existen tres unidas al expediente.)

Sugeto Rizal a una exquisita vigilancia, entonces discretamente ejercida, tuvo conocimiento la autoridad de que al día siguiente de su llegada, 27, tomó la línea férrea de Manila a Dagupan, deteniéndose en la provincia de Bulacán y Pampanga, donde advertidos con oportunidad los Gobernadores civiles de ellas, para que extremaran la vigilancia, manifestaron:

El de Bulacán, que Rizal, acompañado de Pedro Serrano, maestro de la 2.a Escuela de Binondo, se detuvo en Malolos (Bulacán), Sulipan y San Fernando (Pampanga) y en Tárlac, regresando a Sulipan para pernoctar en casa del capitan Joaquín.

El de Pampanga, confirma las noticias anteriores, añadiendo que sospechaba que el viaje de Rizal a aquella provincia tenía por objeto la creación de logias masónicas, como las que ya existían en Bulacán, en las cuales no solo trabajaban en sentido masónico, sino que se recaudaban fondos para sostener en Hong-kong un Centro de Propaganda que se servía para sus comunicaciones con Manila del vapor «Don Juan,» propiedad del Sr. D. Francisco Roxas.

En vista de lo expuesto, dispuso el Excmo. Sr. Gobernador General, Conde de Caspe, que se verificaran registros en los domicilios de las personas más señaladas en las provincias de Bulacán, Pampanga, Laguna, Batangas y en ésta de Manila, como adictos de las doctrinas de Rizal; y como consecuencia de ellas, se decretó con fecha 7 de Julio la deportación de Rizal al distrito de Dapitan, y posteriormente la de otros principales de aquellas provincias a diferentes puntos del Archipiélago.

Del resumen de este expediente se adquiere el convencimiento moral:

Primero: Que el Dr. Rizal con la publicación de sus obras «Noli me tangere,» «Anotaciones a la Historia de Filipinas de Morga» y «El Filibusterismo,» y con una serie interminable de folletos, proclamas e impresos de todo género contra la Religión, los Frailes y las Autoridades españolas, viene inculcando en el pueblo filipino la idea ostensible de expulsar a las órdenes religiosas, como medio más o menos oculto [?] de obtener la independencia de este territorio.

Segundo: Que se adquiere también el convencimiento moral de que el objeto del inopinado viaje de Rizal a Manila, después de algunos años de voluntaria expatriación, no fue otro que el de infundir alientos a sus adictos, para que, perseverando en sus ideas, prosiguiesen afanosos los trabajos subversivos y de constitución de logias masónicas, como centros de propaganda, y recaudación de fondos y el más ostensible de allegar recursos y reclutar gentes para establecer en Borneo una peregrina Colonia Tagala modelo, inclinando hacia dicha isla una corriente de emigración filipina que de realizarse hubiera resultado funesta en todos conceptos a los intereses de este país.

Tercero: Que para la propaganda de las doctrinas de Rizal y para la dirección de los trabajos derivados de ella, existían establecidos y reglamentados tres centros principales situados en Madrid, Hong-kong y Manila.

En otro expediente reservado que obra en esta secretaría, acerca de los trabajos masónicos y antipatrióticos que en 1895 se llevaban a cabo en la provincia de Batangas, consta también que Rizal era considerado como jefe del movimiento ya descaradamente separatista de aquella provincia; que su retrato se repartía y enseñaba como el de un libertador de la raza filipina, mártir del despotismo español, y que se mandaban fondos para facilitarle la fuga de Dapitan con el objeto de que dirigiese más fácilmente desde el extranjero el movimiento armado que ya entonces se tramaba; y estos hechos se comprueban en este caso, no con noticias reservadas de autoridades o agentes del gobierno, como en el primer expediente, sino con declaraciones espontáneas de honrados y leales habitantes filipinos.

Esto es lo único que resulta, Excmo. Sr., de los expedientes reservados que obran en esta secretaría, y tampoco podría esperarse otra cosa, dada la índole y procedimientos puramente preventivos del Gobierno que los inspiraron, bien distintos por cierto, pero no menos importantes que los que se emplean en los tribunales ordinarios o de jurisdicciones especiales; pero de todos modos, en ellos se adquiere el convencimiento moral de la inmensa responsabilidad del Dr. Rizal y en ellos se encuentra retratado el que no duda esta Secretaría en designar como el gran agitador de Filipinas, que no solo se cree él mismo llamado a ser el instrumento de una especie de redención de su raza, sino que las masas indígenas le suponen algo así como un ser superior que ha de eximirse de todo castigo que le impida continuar cumpliendo su misión providencial.

Por estas razones la Secretaría tiene el honor de proponer a V. E. que se remita al Juzgado militar una copia autorizada del presente informe, con tanto más motivo cuanto que en él se han condensado y reunido no sólo los datos que arrojan los expedientes que existen, sino que se ha encabezado con aquellas otras noticias que se saben positivamente, y que de todos modos podrían comprobarse, si fuera necesario, con los datos que deben existir en las oficinas del 20.o Tercio de la Guardia civil.

Sin embargo, V. E. resolverá.—Manila, 22 de Diciembre de 1896. Excmo. Sr.—Enrique Abella.»

[Conformóse Polavieja, y el informe pasó al Juez.]

[Termina, fol. 94.]

[Fol. 95.]

[Diligencia solicitando se forme Consejo de guerra ordinario de plaza para la presente causa.—24 Dbre.]

[Diligencia de haberse recibido y unido un oficio nombrando el Consejo.—24 Dbre.]

[Fol. 96.]

[Oficio aludido.—24 Dbre.—Lo subscribe el Gobernador militar de Manila, general Zappino.)

[Fol. 97.]

[Diligencia haciendo saber al acusado el nombre de los señores que componen el Consejo.—25 Dbre.—El acusado manifestó que «no tiene que oponer impedimento alguno a los nombrados.» [Firman Rizal y Taviel de Andrade.]

[Fol. 98.]

[Acta de la celebración del Consejo de guerra.]

En Manila, a los veintiseis días del mes de Diciembre de mil ochocientos noventa y seis, como Juez instructor de la presente causa, extiendo esta acta para que conste: Que en la misma fecha y el Cuarto de Banderas del Cuartel de España, se ha reunido el Consejo de guerra ordinario, nombrado en la orden de la Plaza, para dictar sentencia sobre el delito de rebelión y asociaciones ilícitas, a cuyo Consejo han concurrido, como presidente, el teniente coronel de Caballería D. José Togores Arjona; como vocales, los capitanes de Artillería de Plaza. D. Ricardo Muñoz Arias; de Caballería núm. 31, D. Manuel Reguera Reguera; de cazadores núm. 8 Don Santiago Izquierdo Osorio; de cazadores núm. 7. D. Braulio Rodríguez Núñez; del

Batallón de Ingenieros, D. Manuel Díaz Escribano, y de la Subinspección de las Armas generales, Don Fermín Pérez Rodríguez; y como fiscal, el teniente

[Fol. 98 vto.]

Auditor de segunda clase D. Enrique de Alcocer y R. de Vaamonde. Que dada cuenta de la causa en Audiencia pública, y presente el acusado, se leyó la acusación fiscal y la defensa, sin que ocurriera hecho excepcional. Interrogado por el Consejo el acusado, dió lectura a una adición a su defensa, terminando diciendo, que no ha pedido la libertad para la rebelión, y sí libertades políticas, cuyo documento ordenó el señor Presidente quedase unido a la defensa. Y en el acto se verificó el despejo de la sala, quedando reunido el Consejo en sesión secreta para deliberar y pronunciar sentencia. De todo lo cual certifico.—Rafael Domínguez.—V.to B.no El Presidente, Togores.

Defensa de Rizal, por D. Luis Taviel de Andrade.

[Fol. 99-106.]

(Copiada de la minuta original, que conserva el Autor.)

Al Consejo de Guerra.

[Autógrafo.]

D. Luis Taviel de Andrade, primer teniente de Artillería, formulo por medio del presente escrito la defensa de D. José Rizal y Mercado, procesado por rebelión y por fundador de asociaciones ilícitas.

Nunca con más motivo que en la ocasión presente podrá un defensor, antes de entrar de lleno en el cumplimiento de su cometido, encomendarse, para el mejor éxito de éste, a la imparcialidad y desapasionamiento del Tribunal a quien se dirije, y que en todo Tribunal debe siempre resplandecer, y esto, no ciertamente, así me apresuro a consignarlo, por que en el Consejo de Guerra que me escucha, individual o colectivamente considerado, haya nada que permita dudar de la indiscutible rectitud de sus intenciones y del firme propósito de los dignos señores que la componen de fallar según ley, según justicia y según sus honradas conciencias se lo dicten; no; sino porque la causa de Rizal viene al fallo de sus jueces rodeada de suma tal de prejuicios y de tal modo influída por la corriente avasalladora de una opinión, si no del todo extraviada, despistada por lo menos de su justo derrotero, que ha de ser empresa ardua para esos jueces, aún cuando en ella pongan los esfuerzos todos de su voluntad, el librarse por completo de aquella influencia y el descartar de su criterio aquellos prejuicios.

Hace muchos años que el nombre de Rizal tiene resonancias de gritos de rebelión, y que su figura es símbolo del filibusterismo filipino. Y esto, ¿por qué? ¿Es acaso que José Rizal ha realizado algún acto de pública y solemne profesión de fé separatista? ¿Se ha arrancado alguna vez la careta confesando en alta voz y ante la faz de nuestra amada patria española que abomina de su dominación sobre estos territorios y que se propone combatirla, hasta concluir con ella? No. Pero Rizal había escrito dos libros, el «Noli me tangere» y «El Filibusterismo», en los que no eran el prestigio del nombre español y el de las corporaciones religiosas, justamente consideradas como lazo de unión indestructible entre la Madre patria y el Archipiélago filipino, los que en más alto lugar quedaban, y esto, unido a otros escritos suyos en que se censura el régimen colonial que en estas Islas impera, a sus gestiones por obtener para su país derechos que constituyen otros tantos jalones para llegar a la Autonomía y pasar de ésta a la Independencia, y por último, a la indiscutible elevación que sobre el nivel común de sus paisanos alcanzó, tanto por aquellos alardes y atrevimientos, por ninguno de ellos antes intentados, cuanto por el innegable y excepcional desarrollo de sus facultades intelectuales, vino a determinar en todos los buenos españoles, lo mismo aquellos que conocían de ciencia propia sus obras, que los que sólo tenían de ellos referencias, lógicos y justos sentimientos de repulsión hacia Rizal, y de alarma por lo que tramar pudiera contra España. Todos vieron desde entonces en él un enemigo de la raza española y de su preponderancia en Filipinas, y no sin motivo presumieron, teniendo sobre todo en cuenta la apatía natural y la falta de iniciativas del indígena, que Rizal no podría en modo alguno ser extraño a cualquier movimiento que en sentido separatista o filibustero se intentara en el Archipiélago. Y estas presunciones vinieron a ser, al parecer, confirmadas por las medidas de cautela adoptadas por el Gobierno General, al deportar, en 1892, a Rizal a Dapitan.

Hé aquí, pues, los prejuicios a que antes me he referido que son punto menos que imposible de apartar de todo aquello que con Rizal se relacione.

Y en cuanto a la opinión de que también he hablado y que designa a Rizal como autor principalísimo y alma y vida de la sublevación presente, háse formado, no solo por aquellos mismos prejuicios, sino además por la especialísima circunstancia de haberse sabido en Manila, cuando la expresada sublevación se descubrió, que Rizal no estaba en Dapitan, que estaba en aguas de esta bahía a bordo del crucero «Castilla». Y esa circunstancia, perfectamente casual e imprevista, ningún dato de comprobación existe que permita afirmar lo contrario, vino a convertir aquellas presunciones en contra de Rizal en convicción profunda, arraigadísima, incrustada en los ánimos como lo está la perla en su concha, de la directa participación de Rizal en el complot; porque aunque luego se supo que su presencia obedecía a la petición que había formulado de que se le permitiera pasar a la Isla de Cuba a prestar sus servicios como médico en el Ejército, ¡cuán pocos serán los que hayan dejado de considerar tal solicitud como un pretexto para venir libremente a Manila, hallarse aquí cuando la sublevación estallara, y poder de esa manera ponerse a su frente desde luego!

He aquí la razón de esa opinión, tan abiertamente hostil a mi defendido.

Los dignos señores jueces que me escuchan, antes de serlo, seguro estoy, segurísimo, de que participarían, como buenos españoles, como participábamos todos, de aquellas prevenciones y prejuicios, y de que se habrán visto influídos por aquella opinión que todos formamos.

¿Se borró todo ello, como se borra de un encerado lo escrito con tiza, al recibir sus nombramientos de jueces, para dejar el campo libre a la imparcialidad, y el reposo de ánimo y de juicio absolutamente necesarios para el desempeño de la sacratísima misión que tienen a su cargo? Yo así firmemente lo creo y lo espero: es más, así tiene que ser forzosamente para elevar el espíritu hasta las serenas regiones de la Justicia, que, como facultad emanada directamente del Dios de todo lo creado, ha de ejercitarse desprovista de todo mísero y mundanal ligamento.

Sursum corda, digamos, pues, repitiendo tan sagradas palabras. Elévense los corazones, que es la vida de un hombre lo que va a decidirse;

y esto logrado, colocados en los platillos de la Balanza de la Justicia los cargos contra José Rizal y sus exculpaciones, sin acumular a los primeros, cual nueva espada de Breno, prejuicios no justificados ni influencia de una opinión ordinariamente falible e incompleta, veremos que la Balanza permanece en su fiel y que, por lo tanto, y en estricta justicia, el fallo del consejo ha de disentir en mucho de la opinión sustentada por el ilustrado representante del ministerio fiscal en este proceso.

Considera este digno funcionario en su brillantísimo dictamen que mi defendido es autor de dos delitos: el de fundar asociaciones ilícitas y el de haber promovido la actual rebelión, siendo el primero medio necesario para realizar el segundo, y en su consecuencia, y por concurrir la agravante de raza y ninguna atenuante, pide que le sea aplicada la pena más grave de las que para dichos delitos se determinan por la Ley: la de muerte.

Fundamentos de todo esto: en síntesis: que Rizal fundó «La Liga Filipina», según resulta del hecho, confesado por aquél, de haber sido él quien en 1891 redactó los estatutos de la Sociedad; que el objeto de ésta era realizar la rebelión, según afirman varios co-procesados de Rizal; que los trabajos revolucionarios los dirigía éste, conforme aseguran otros de sus co-reos; y que con sus ideas vertidas en libros, artículos, discursos, etc. había sembrado la semilla revolucionaria.

Pues bien; tales datos son del todo insuficientes para demostrar la procedencia, en justicia, de una pena tan grave, tan irredimible e irremediable como la que para mi defendido se pide.

En efecto: los delitos de que se acusa a Rizal están comprendidos en el Código Penal común; por tanto, los preceptos de este Código son los que habrán de serle aplicados para determinar su culpabilidad y responsabilidad; y los cargos que contra él se han acumulado en el proceso se reducen a las acusaciones de varios de sus co-procesados, a sus propias confesiones y a ciertos informes suministrados respecto al mismo por diversas entidades oficiales.

Ahora bien; al final del Código expresado existe una Ley provisional dictada precisamente para la aplicación de sus disposiciones en Filipinas; y en esa Ley figura una regla, la 52, según la cual, los jueces y Tribunales (así dice, sin establecer distinción alguna ni determinar si se trata de jueces y Tribunales ordinarios o civiles o de jueces y Tribunales militares, o de cualquier otro orden de especialidad); los jueces y Tribunales, repito, aplicarán las penas del Código, cuando resulte probada la delincuencia por alguno de los medios siguientes:

Inspección ocular.
Confesión de los acusados.
Testigos fidedignos.
Juicio pericial.
Documentos oficiales.
Indicios graves y concluyentes.

Preciso es por lo tanto, que de la causa resulte probada la delincuencia de Rizal por alguno de los medios que anteceden, únicos que como elementos probatorios admite la Ley, para que pueda serle aplicada cualquiera de las penas que ésta determina.

¿Lo está por ventura en el grado que el ministerio fiscal afirma? En manera alguna.

Empecemos por las acusaciones que contra él formulan sus co-procesados. Y conste que los denomino así, porque con Rizal fueron procesados en la causa, por rebelión, de la que es originario el presente ramo separado, y de la que se dedujo el testimonio que lo encabeza.

¿Qué valor probatorio tienen esas acusaciones de los que están como Rizal acusados del mismo delito que a éste atribuyen? Ninguno, porque no figuran como elemento probatorio en la regla 52 antes mencionada.

Por lo tanto, hay que hacer caso omiso por completo de tales acusaciones, porque si para declararse la delincuencia de Rizal ha de probarse forzosamente por alguno de los medios citados y entre ellos no figura el de que vengo ocupándome, forzoso será también convenir en que las acusaciones mencionadas de sus co-reos en nada pueden perjudicar a mi defendido.

Y esto no son argucias, ni alambicamientos, ni sofismas: no es el defensor; es la Ley misma quien habla.

Pero, podrá objetarse, esos co-procesados, cabe considerarlos como testigos, y en este caso sus asertos tienen fuerza probatoria, dado que la regla 52 admite la regla testifical. Error crasísimo, inadmisible, señores del Tribunal.

En primer lugar, la condición de testigo sólo conviene en quien ha presenciado la realización de un hecho determinado, pero sin haber intervenido en él, pues de otro modo deja de ser testigo para convertirse en actor o paciente. Por consiguiente, ningún procesado a quien por el mero hecho de serlo se atribuye desde luego alguna intervención en el hecho que se investiga puede ser considerado como testigo, como tampoco puede serlo el ofendido; porque son perfectamente antitéticos estos conceptos.

En segundo lugar, para que sea eficaz el dicho de un testigo, éste, según la regla 52, ha de ser fidedigno; esto es, han de concurrir en él condiciones que aseguren su absoluta imparcialidad, la cual se deriva de su falta de interés en que se admitan o no como exactos sus asertos: porque si algún interés tuviera en lo primero, sería por tal motivo parcial, ya que la parcialidad la determinaría aquel mismo interés, y dejaría en su consecuencia de ser testigo fidedigno, perdiéndose la eficacia toda de sus manifestaciones.

De manera que como todo procesado no puede por menos de tener interés directo, acentuadísimo, en que se admitan como ciertas sus declaraciones, dicho se está que, aún cuando como testigo se le considere, no puede nunca ser fidedigno y por lo tanto, no pueden perjudicar a sus correos los cargos que contra ellos formule.

Y esta razón se gradúa y caracteriza más y más, cuando se trata de un delito como el que a mi defendido y a sus co-procesados que le acusan se atribuye.

Castiga el artículo 230 del Código Penal común con las penas de cadena perpetua a muerte a los que, induciendo o determinando a los rebeldes, hubieren promovido o sostenido la rebelión; y el artículo 232 aplica la pena de reclusión temporal en toda su extensión, o prisión mayor en su grado medio a reclusión temporal en su grado mínimo, según sus condiciones y categorías, a los meros ejecutores de la rebelión.

A los co-procesados de Rizal que le acusan se les imputa el mismo delito que a él le atribuyen, el del artículo 230, el de ser inductores, promovedores y mantenedores de la rebelión, el castigado, en una palabra, con las penas de cadena perpetua a muerte, y por eso; cifran unánimes todo su emnpeño en presentar a Rizal como verdadero y único instigador y promovedor, alma máter de la rebelión, porque de este modo su papel queda reducido al de instrumentos y meros ejecutores de las órdenes que de Rizal recibieran, y salvan así sus vidas librando con pena infinitamente menor que la que habría de aplicárseles, si no tuviesen otro sobre quien echar todo el peso de sus propias responsabilidades.

Véase, pues, cómo en rigor de derecho es absolutamente imposible, sin caer en la ilegalidad y en la injusticia, dar, en ningún caso, y menos en los similares al presente, valor probatorio de ninguna clase a las acusaciones e imputaciones que unos procesados dirijan a otros que lo estén en la misma causa, y cómo, por tanto, ninguno de los cargos que contra mi defendido formulan sus co-reos puede admitirse como prueba de su culpabilidad.

Pasemos ahora a otro cargo: al constituído por sus propias manifestaciones.

Rizal ha negado constantemente haber sido quien fundó «La Liga Filipina» y haber dirigido sus trabajos; niega asimismo toda participación e intervención suya en la actual rebelión. No existe, pues, confesión concreta, clara, explícita, sobre estos particulares; no hay tampoco el segundo elemento probatorio de la regla 52.

Pero en cambio, podrá argüirse: Rizal confiesa haber redactado los Estatutos de aquella Sociedad, y conviene en que se vió en 1891 con varios de los individuos que a ella pertenecían; en que indicó, en Junio del año corriente, a Pío Valenzuela, que no consideraba oportuno el alzamiento, y en que ha deseado para su país mayor suma de libertades, emitiendo públicamente y en distintas ocasiones sus ideas sobre este particular: y de todo esto se deduce que Rizal conocía y favorecía los fines de «La Liga», y conocía y favorecía y había inspirado la rebelión presente.

Error lamentabilísimo, señores del Consejo: deducciones gratuítas e injustas.

Si ha confesado la redacción de los Estatutos de «La Liga», asegura que fue por encargo de un tal Basa, en Hong-Kong, y en 1891 cuando los escribió; y esto es cosa usual y corriente que suceda, y por tanto perfectamente verosímil, sin que de ello pueda deducirse responsabilidad alguna, porque en los Estatutos por sí solos nada sospechoso hay que permita suponer que los fines de la Sociedad eran ilícitos: regulan el funcionamiento de una sociedad encaminada a fomentar las artes, la industria, el comercio, y, nada más.

Lo mismo ocurre respecto a las reuniones que con varias personas de «La Liga» tuvo en 1891. Niega Rizal que en ellas se tratara de otras cosas que de los ante dichos fines de aquella Sociedad, de modo que a no ser que se admita como exacto lo que en contra dicen ciertos co-procesados suyos, y demostrado dejé ya que esto no cabe, no puede deducirse responsabilidad alguna contra él.

Sus ideas y doctrinas respecto al régimen por el que debiera ser gobernado el Archipiélago Filipino y los derechos, prerrogativas y libertades que a su juicio debieran concedérsele, podrán tal vez considerarse inconvenientes, y pudiera muy bien tenderse a reprimirlas; mas no por eso ha de deducirse de ello la conclusión de que esas teorías fueren la causa determinante del levantamiento, entre otras razones, porque Rizal asegura, y ninguna prueba hay en contra de este aserto, que desde 1892 se ha abstenido de escribir ni tratar con nadie acerca de asuntos que en más o en menos se relacionen con la política.

Por último, de la entrevista que con Pío Valenzuela tuvo en junio del presente año, ningún cargo puede deducirse contra él, sino más bien una exculpación, porque si no aprobó el levantamiento, si trató de disuadir de su propósito a los que lo tramaban, esto prueba concluyentemente que no tenía participación ninguna y que no simpatizaba con él. De otro modo, si Rizal hubiera sido el director y promovedor de todo, nadie, sin orden suya, y dado su gran prestigio, se hubiera determinado a moverse.

Queda, por tanto, descartado igualmente este otro elemento de acusación contra Rizal por no tener suficiente fuerza probatoria a los efectos de justificar su delincuencia.

El último cargo, los informes dados en contra suya, no vale la pena de cansar la atención del Tribunal con largas disquisiciones para destruirlo.

Basta con recordar la regla 51 para comprender que tales informes no constituyen elemento probatorio. Podrán servir en un expediente gubernativo para ameritar una deportación; nunca para dar por probada, en un procedimiento criminal, la culpabilidad de un acusado.

Resumiendo, esa culpabilidad de Rizal no está legalmente acreditada. Aventados con las razones que consignadas quedan los cargos que se le acumularon, queda sólo en contra suya su vida, obras y escritos pasados; sus antecedentes; lo que ya existía antes de producirse el actual levantamiento. ¿Y se hubiera determinado algún Tribunal, sin más datos de culpabilidad que esos antecedentes, a condenar a la pena de muerte a Rizal antes del 19 de Agosto, antes de que los sucesos actuales se desarrollaran?

Seguramente que no. Pues tampoco ahora puede en justicia hacerse, porque no hay otros méritos para ello que lo que entonces existían.

De cuanto hoy ocurre, Rizal es en rigor irresponsable, porque ni ha dado su asentimiento para ello, ni con él contaron los rebeldes para realizarlo. No hay, pues, términos hábiles de hacer las declaraciones ni de aplicar las penas que en la acusación fiscal se piden. El fallo que procede, y que pido, debe ser, en estricta justicia, absolutorio.

El Consejo de Guerra va a pronunciarlo dentro de breves momentos; pero antes, séale permitido al defensor de Rizal dirigir a los dignos señores que le escuchan una excitación, opuesta en un todo a la que se contiene al final del dictamen del ilustrado representante del Ministerio público. Necesita procurar a todo trance la destrucción del efecto que los elocuentísimos párrafos en que está redactada haya podido producir.

Para conseguir el fin a que aludía al comienzo de esta defensa, para descartar todo prejuicio, toda influencia, toda impresión que pueda desviar del camino recto de la justicia el ánimo y el criterio de los que hoy van a administrarla a mi defendido, preciso es desoir los conceptos que en aquella excitación de la acusación fiscal se contienen

Aparten, pues, de su vista imágenes de compañeros queridos muertos o inutilizados por ruines traidores; de nobles matronas e inocentes doncellas y niñas villanamente ultrajadas; de madres, esposas, hijas y hermanas que, con los ojos del alma puestos en los bravos que como valientes luchan y como valientes mueren por mantener inmaculada la honra de la gloriosa bandera de España, piden al Dios de Misericordia que los libre de los azares de la guerra y los vuelva sanos y salvos a sus brazos. No. Estas imágenes, en los momentos actuales, solo pueden engendrar ideas de venganza; queden en las mentes de los que marchan al combate. Los jueces no pueden ser vengadores; los jueces no pueden ser más que justos.—He dicho.

[Diciembre 25, 1896.]

[Fol. 107.]

[Autógrafo.]

Adiciones a mi Defensa.

D. José Rizal y Alonso suplica respetuosamente al Consejo tenga a bien considerar las circunstancias siguientes:

Primera.—Respecto a la rebelión. Desde el 6 de Julio de 1892 no me he ocupado en absoluto de política hasta el 1.º de Julio de este año en que, avisado por D. Pío Valenzuela de que se intentaba un levantamiento, aconsejé lo contrario tratando de convencerle con razones. D. Pío Valenzuela se separó de mí convencido al parecer, tanto que en vez de tomar parte después en la rebelión, se presentó a indulto a las Autoridades.

Segunda.—En prueba de que no mantenía ninguna relación política con nadie, y que es falso lo que alguno dijo de haber enviado cartas por conducto de mi familia, es, que han tenido necesidad de enviar a D. Pío Valenzuela bajo un nombre supuesto, con grandes gastos, cuando en el mismo vapor iban cinco miembros de mi familia y dos criados además. Si fuera cierto lo que pretenden, ¿qué necesidad tenía D. Pío de llamar la atención de nadie y exponerse a grandes gastos? Además, el mero hecho de ir el Sr. Valenzuela a avisarme, prueba que yo no estaba en correspondencia, pues si lo estuviera, ya lo debía saber, porque es cosa bastante grave el hacer un levantamiento para que me lo ocultaran. Cuando han dado el paso de enviar al Sr. Valenzuela, prueba que tenían conciencia de que yo nada sabía, es decir, que no mantenía correspondencia con ellos. Otra prueba negativa es que no pueden enseñar una carta cualquiera mía.

Tercera.—Han abusado cruelmente de mi nombre y a última hora me han querido sorprender. ¿Por qué no se comunicaron conmigo antes? Oirían tal vez que estaba, si no contento, resignado con mi residencia, pues había rechazado varias proposiciones que me hicieron muchas personas para sacarme de aquel lugar. Solamente en estos últimos meses, a consecuencia de ciertos asuntos domésticos habiendo tenido diferencias con un P. Misionero, he pedido marcharme como voluntario a Cuba. D. Pío Valenzuela venía a avisarme para que me pusiese en seguro, pues, según él, era posible que me complicaran. Como me consideraba enteramente inocente y no estaba al tanto del cómo ni cuándo del movimiento (además de que creía haber convencido al Sr. Valenzuela) no tomé precauciones, sino que cuando el Excmo. Sr. Gobernador Gral. me escrbió anunciándome mi marcha a Cuba, me embarqué inmediatamente dejando todos mis asuntos abandonados. Y eso que podía haberme marchado a otra parte o haberme quedado sencillamente en Dapitan, pues la carta de S. E. era condicional: decía en ella: «Si V. persiste aún en su idea de irse a Cuba, el Com.» (sic), etc.—Cuando estalló el movimiento me encontraba a bordo del Castilla, y me ofrecí incondicionalmente a S. E.—Doce o catorce días después me marché para Europa, y si yo hubiese tenido la conciencia intranquila, habría tratado de escabullirme en cualquier puerto de escala, sobre todo en Singapur, en donde salté en tierra y en donde se quedaron otros pasajeros que tenían pasaporte para la Penísula. Traía mi conciencia tranquila y esperaba irme a Cuba.

Cuarta.—En Dapitan yo tenía embarcaciones y se me permitía hacer excursiones por el litoral y las rancherías, excursiones que duraban el tiempo que yo quería, a veces una semana. Si hubiese tenido aún intenciones de hacer política, me habría marchado aún en las vintas de los moros que yo conocía en las rancherías. Ni habría levantado mi pequeño hospital, ni comprado terrenos, ni llamado a mi familia a que viviese conmigo.

Quinta.—Alguno ha dicho que yo era el jefe. ¿Qué clase de jefe es ese con quien no se cuenta para los proyectos y sólo se le avisa para que se escape? ¿Qué jefe es ese que cuando dice no, ellos dicen sí?

Respecto a la Liga:

Sexta.–Es verdad que yo redacté sus estatutos, y cuyos fines eran fomentar el comercio, la industria, las artes, etc., por medio de la unión; así lo han confirmado testigos que no me son afectos, antes al contrario.

Séptima–La Liga no llegó a vivir ni a establecerse, pues después de la primera reunión no se volvió a tratar de ella, muriéndose porque fuí deportado días después.

Octava.–Si se reorganizó por otras personas, nueve meses más tarde, como ahora dicen, lo ignoraba.

Novena.–La Liga no era una Sociedad con fines nocivos, y lo prueba el hecho de que la han tenido que dejar haciendo el Katipunan, que era lo que tal vez respondería a sus fines. Por poco que la Liga hubiera podido servir para la rebelión, no la habrían dejado, sino que la habrían modificado solamente, pues si, como alguno pretende, soy el jefe, por consideración a mí, y por el prestigio de mi nombre habrían conservado la denominación de Liga. El haberla desechado, nombre y todo, creando el Katipunan, prueba claramente que ni se contaba conmigo, ni la Liga servía para sus fines. pues no se hace otra Sociedad cuando ya se tiene una constituída.

Décima.–Respecto a mis cartas, suplico si Consejo que si en ellas hay algunas censuras acres, considere el tiempo en que yo las había escrito; entonces nos habían despojado de nuestras dos casas, camarines, terrenos, etc., y deportado por añadidura a todos mis cuñados y a mi hermano, a consecuencia de un pleito suscitado por una pregunta de la Admón. de Hacienda; pleito en el que, según nuestro abogado el Sr. Linares Rivas, teníamos la razón de nuestra parte.

Undécima.–Que he sufrido con resignación mi deportación, no por el motivo que se dijo, que no es exacto, sino por lo que yo haya podido escribir. Y durante estos cuatro años de mi deportación, que se pregunte a los Sres. Comandantes P.P. M.M. del Distrito acerca de mi conducta, al pueblo, y aún a los mismos PP. Misioneros, a pesar de mis diferencias particulares con uno de ellos.

Duodécima.–Todos estos hechos y consideraciones destruyen las poco fundadas acusaciones de los que han declarado contra mí, con los cuales he pedido al Sr. juez instructor que me careen. ¿Cabe admitir que en una sola noche haya yo podido traer todo el filibusterismo en una reunión en que se habló de comercio, etc.?, reunión que no pasó de allí, pues murió después? Si los pocos que estuvieron presentes hubieran tomado en serio mis palabras, no habrían dejado morir la Liga. ¿Es que los que formaron parte de la Liga aquella noche crearon el Katipunan? Yo creo que no. ¿Quienes fueron a Dapitan a hablar conmigo? Personas enteramente desconocidas para mí, ¿Por qué no se comisionó a una persona conocida

[Fol. 109.]

para que yo pudiera tener más confianza? Porque las que me conocían sabrían demasiado que yo habla dejado la política, o que, estando al tanto de mi manera de pensar respecto a rebeliones, se habrían negado a dar un paso inútil y poco airoso.

Espero haber demostrado con estas consideraciones que ni he creado una Sociedad para fines revolucionarios, ni he tomado parte después en otras, ni he participado de la rebelión, sino que por el contrario he sido opuesto a ella, como lo ha demostrado la publicación de una conversación particular.

Real Fuerza de Santiago 26 de
Diciembre de 1896.
José Rizal.

[Fol. 110.]

[Sentencia.] En la Plaza de Manila, a los veintiséis días del mes de Diciembre de mil ochocientos noventa y seis, reunido el Consejo de guerra ordinario de Plaza celebrado en este día bajo la Presidencia del Señor Teniente Coronel Don José Togores Arjona, para ver y fallar la causa instruída contra Don José Rizal Mercado y Alonso, acusado de los delitos de rebelión, sedición y asociación ilícita, la ha examinado con toda detención y cuidado previa la lectura de sus actuaciones hecha por el Sr. juez instructor, vista la acusación fiscal, oido el alegato de defensa y la adición a la misma leída por el acusado; el Consejo de guerra ordinario de Plaza declara que el hecho perseguido constituye los delitos de fundar Asociaciones ilícitas y de promover e inducir para ejecutar el de rebelión, siendo el primero medio necesario para ejecutar el segundo, resultando responsable en concepto de autor el procesado D. José Rizal.

En su virtud falla: que debe condenar y condena al referido D. José Rizal a la pena de muerte, y en caso de indulto, llevará consigo, caso de no remitirse especialmente, las accesorias

[Fol.110 vto.]

de inhabilitación absoluta perpetua y sujeción de aquél a la vigilancia de la autoridad por el tiempo de su vida, debiendo satisfacer en concepto de indemnización al Estado la cantidad de cien mil pesos, con la obligación de trasmitirse la satisfacción de esta indemnización a los herederos; todo con arreglo a los artículos 188, núm. 2, en relación con el núm. 1 de 189, y 230 en relación con el 229 núm. 1, 11, 53, 63, 80, 89, 119, 188, núm. 2, 189, núm. 1, 229, núm. 1, 230, 123, en relación con el 119, núm. 3, y 122 y demás de general aplicación del Código Penal.

Así lo pronuncia y manda el Consejo de guerra ordinario de Plaza, firmándolo el Presidente y Vocales del mismo.—José Togores.—Braulio Rodriguez Núñez.—Ricardo Muñoz

[Fol. 111.]

—Fermín Pérez Rodríguez.—Manuel Reguera.—Manuel Díaz Escribano.—Santiago Izquierdo.

[Fol. 112.]

[Diligencia de entrega.] La causa es entregada al Capitán general.—26 Dbre. 1896.]

[Fol. 112 vto.]

[Decreto.] Manila 26 de Dbre. de 1896.—Pase a dictatamen del Señor Auditor general de guerra.—Polavieja.

[Dictamen.]

Excmo. Sr.:—Entre las numerosas causas a que ha dado origen el movimiento insurreccional que estalló en esta Isla a fines del pasado Agosto, ninguna como la presente solicitará la pública atención ni adquirirá resonancia más justificada.

Como único procesado figura en esta pieza separada, deducida de la causa matriz que se instruye por rebelión y asociaciones ilícitas, Don José Rizal y Mercado Alonso, natural de Calamba, (provincia de la Laguna), de treinta y cinco años de edad, soltero, médico, mestizo-chino, a quien halagos de la suerte elevaron en pasados días a ídolo de desleales bullangueros y reveses de la fortuna conducen a la muerte sin gloria y sin honor; porque Rizal, estudiante por su profesión de las ciencias naturales y de las físico-químicas, laborioso y activo cual ninguno de sus paisanos, viajero infatigable por Europa y poseedor de varias lenguas vivas, admirado de sus paisanos menos cultos y aplaudido por sus maestros y amigos sin distinción de razas, lánzase por el derrotero de las ciencias morales y de los estudios sociológicos que tan honda preparación requieren, y se lanza a propagar activamente entre los habitantes de estas regiones de España sentimientos de deslealtad y de traición, doctrinas contrarias a la unidad nacional, ideas hostiles a la soberanía española, para venir en los momentos luctuosos de la lucha y de la muerte a fiar la salvación de la propia existencia, no en protestas de españolismo, sino en la desaprobación tardía de la conducta de sus secuaces, que se han anticipado a la realización de los propósitos de Rizal, alzándose en armas sin la preparación que éste estimaba necesaria.

Rizal no es tribuno; sus discursos, que por pequeña muestra pueden conocerse al fol. 18 vto., encierran vulgaridades que há medio siglo pudieron ser de efecto en las masas populares, pero merecedoras del mayor desdén al presente. Rizal no es escritor correcto ni pensador profundo; sus escritos, unidos a autos, acusan la mayor imperfección de lenguaje y no gran energía intelectual. Y sin embargo Rizal ha sido el Verbo del Filibusterismo, el más inteligente director de los separatistas, el ídolo, en fin, de la muchedumbre ignorante y aun de personajes incultos que han visto en el agitador perpetuo un ser sobrenatural a quien apellidan Supremo.

Rizal es el organizador de la Liga Filipina; el autor de sus Estatutos; el Presidente y orador de la reunión celebrada en casa de Doroteo Ongjunco, en la cual alentó a los concurrentes para agruparse organizados y trabajar unidos en persecución de

[Fol. 114 vto.]

la libertad y de la independencia filipina; el que en Dapitan recibía emisarios que solicitaban sus instrucciones y concurso, participándole que el pueblo se preparaba a la rebelión, cual a un Soberano se dieran noticias relativas a la situación y aspiraciones de sus súbditos; el que, en verdad, rechazaba la insurrección, pero no por criminal, sino por prematura y de éxito inseguro por carencia de los elementos precisos para la lucha; el que, finalmente, en escritos presentados durante la sustanciación de esta causa y unidos a la misma, declara reconociéndose, implícitamente, jefe de los enemigos de España, que el movimiento revolucionario se ha fraguado a sus espaldas y es digno de reprobación por los medios que emplea y por lo absurdo que es pensar en el triunfo sin cultura y sin recursos para lograrlo.

[Fol. 115.]

Con esta intervención de Rizal, que resulta probada; con ésta su actitud y con tales antecedentes, igualmente probados por propia confesión y declaraciones testificales, ¿es D. José Rizal promovedor e inductor de la actual rebelión, en que como combatiente no ha tomado parte?

La respuesta afirmativa se impone, porque la inducción es directa y ejecutiva cuando por su naturaleza y condiciones pueda ser eficaz para determinar el agente; y aquí, la constante propaganda en masas ignorantes, crédulas, casi hipnotizadas por Rizal, ha producido el hecho de la rebelión fatal y necesariamente, como se produce la llama en el alcohol si se arroja una cerilla encendida, aún cuando después de arrojada pretenda el que la arrojó

[Fol. 115 vto.]

apagar el incendio definitivamente, o para reproducirlo más tarde. Rizal, como todos los revolucionarios, ha promovido la rebelión sin precisar el momento en que había de estallar; que fuera antes o después, poco importa. Es la consecuencia de un trabajo deliberadamente emprendido y que da sus frutos tempranamente.

Está, pues, bien calificado Rizal como promovedor del delito de rebelión consumado por medio del de Asociación ilícita; y es justa la sentencia que por sus propios fundamentos procede aprobar, disponiendo que se ejecute pasando al repetido Don José Rizal y Mercado Alonso por las armas, en el sitio y hora que V. E. tenga a bien designar, y con las formalidades que establece el 2º párrafo del art.o 637 del Código de Justicia Militar.

[Fol. 116.]

Si V. E. se sirve decretar de conformidad, deberá volver este proceso a su instructor para que notifique la sentencia al reo en el momento de ponerle en capilla, la dé el debido cumplimiento en todas sus partes, deduzca el testimonio que ha de remitir al Consejo Supremo de Guerra y Marina y cumpla lo prevenido sobre estadística criminal.

V. E. no obstante acordará lo que más justo estime.

Manila, veintisiete de Diciembre de mil ochocientos noventa y seis.—Excmo. Sr.—Nicolás de la Peña.

[Fol. 116 vto.]

[Decreto.] Manila 28 de Diciembre de 1896.

Conforme con el anterior dictamen, apruebo la sentencia dictada por el Consejo de Guerra ordinario de plaza en la presente causa, en virtud de la cual se impone la pena de muerte al reo José Rizal Mercado, la que se ejecutará pasándole por las armas a las siete de la mañana del día treinta del actual en el campo de Bagumbayan y con las formalidades que la ley previene.

Para su cumplimiento y demás que corresponda vuelva al Juez instructor, capitán D. Rafael Domínguez.—Camilo G. de Polavieja.

[Fol. 117.]

[Diligencia de notificación al reo D. José Rizal.]

En Manila, a los veintinueve días del mes de Diciembre de mil ochocientos noventa y seis, el Señor Juez instructor acompañado de mí el secretario y constituído en la Real Fuerza de Santiago, habiendo hecho comparecer ante sí, con la debida seguridad, al sentenciado Don José Rizal Mercado y Alonso, dispuso que por mí el Secretario, se le notificase la sentencia, lo cual se verificó con lectura íntegra, de ella y de su aprobación, de la que quedó enterado y notificado, protestando de lo que se le ha leído. Y para que conste, lo firmo con el Señor Juez instructor y presente Secretario, que certifico.—Rafael Domínguez.—José Rizal.3—Juan González.

[Diligencia poniendo al reo en capilla.]

En Manila, a los veintinueve días del mes de Diciembre de mil ochocientos noventa y seis, el Señor Juez instructor, después de notificar la sentencia al procesado, Don José

[Fol. 117 vto.]

Rizal Mercado y Alonso, y requerirle al pago de la indemnización, le puso en la capilla, que al efecto se había colocado en el local próximo a su prisión, facilitándole los auxilios religiosos y los necesarios para otorgar testamento si lo desea, y demás que pidiese, compatibles con su situación.—Y para que conste, etc.—Rafael Dominguez.—Juan González.

[Diligencia de haberse encargado del reo el jefe del piquete.]—29 Dbre. «Acto seguido de la diligencia anterior procedió a entregarlo al Jefe del Piquete, para la ejecución de la sentencia al reo Don....Con sujeción a lo mandado y a la regla 2.a art.o 636 del Código de J. M.»—Firma el del piquete: Juan del Fresno.

[Fol. 118.]

29 Dbre.—Únese el oficio de autorización para la ejecución.

[Oficio.] Para que pueda llevarse a efecto lo dispuesto por el E. S. Capitán Gral. del Distrito respecto a la ejecución de la pena de muerte impuesta al reo José Rizal Mercado, le constituirá V. en Capilla en la de la Real Fuerza de Santiago a las 7 de la mañana del martes 29 del actual, a cuyo efecto he dado las órdenes oportunas para que se monte el piquete de ordenanza y se le faciliten a Vd. todos los auxilios propios del caso. Lo digo a Vd. & Manila, 28 Dbre. 1896.—Zappino.—Sr. Juez instructor.

[Fol. 120.]

[Diligencia haciendo constar la pena de muerte.]

En Manila a los treinta días del mes de Diciembre de mil ochocientos noventa y seis, el Sr. Juez Instructor dispuso hacer constar por medio de la presente diligencia, haber sido pasado por las armas, en cumplimiento de la anterior sentencia, el reo D. José Rizal Mercado y Alonso, quien fue conducido al sitio de la ejecución con las formalidades de la Ley, habiéndose reconciliado con el Sacerdote que lo acompañaba, y quedando muerto a la primera descarga que se hizo, observándose después todas las disposiciones prevenidas al efecto: siendo entregado su cadáver a los Hermanos de la Paz y Caridad, quienes se cuidaron de recogerlo y enterrarlo; de todo lo cual, por haberlo presenciado, lo firma el Sr. Juez instructor, conmigo el Secretario.—

[Fol. 120 vto.]

—Diligencia de unión del certificado de los médicos.

[Fol. 121.]

D. Felipe Ruiz y Castillo, médico mayor con destino en el Hospital Mar. de esta Plaza, y D. José Luis y Saavedra, médico segundo, en espectación de destino.

Certifican: que por orden del Excmo. Sr. General Gobernador Militar de la plaza y nombramiento del Excmo. Sr. Inspector de Sanidad Mar. han asistido en la mañana de hoy a la ejecución del sentenciado a muerte José Rizal y Mercado, el cual ha quedado en estado de cadáver después de haber sido fusilado por la espalda.—Manila, 30 de Diciembre de 1896.—Felipe Ruiz.—José Luis y Saavedra.

[Fol. 122.]

Siguen diligencias, ya sin interés.

[Fol. 123 vto.]

El capitán Domínguez, el 18 de Marzo de 1897, teniendo que regresar a la Península, hace entrega de la causa.

[Fol. 124.]

19 de Marzo de 1897.—Prosigue la causa D. Manuel Carrillo y Ojeda, Capitán de Infantería.

Sigue de secretario el cabo Juan González García, del Rto. de línea núm. 74.

El 28 Junio 1897, aun no habían mandado de La Laguna los papeles pedidos.

[Fol. 125.]

18 Agosto 1897.—Encárgase de continuar como secretario el sargento del Rto. línea Joló, núm. 73, D. José Sedano y Calonge.

[DOCUMENTOS.]

[Fol. 129.]

Partida de Bautismo.—La saca, certificada, Fr. Saturnino Gómez, dominico, el 18 de Dbre. 1896.

«José Rizal Mercado es hijo legítimo y de legítimo matrimonio de D. Francisco Rizal Mercado y de Da. Teodora Realonda, fue bautizado en esta parroquia en veintidos de Junio 1861——

[Fol. 131 vto.]

Informa el actuario al Juez de 1a. Instancia de Laguna que «no se ha seguido ni pende causa alguna contra el citado individuo» [Rizal].—Sta. Cruz 21 Dbre. 1896.

Firma, Marcos de A..... ....

indescifrable.

En la Cárcel, de Santa Cruz, dice el Alcaide que en ella no había ingresado nunca José Rizal.—22 Dbre. 96.

[Fol. 134.]

Señor Gobernador.—Para dejar debidamente cumplimentada la orden de V. S. de fecha 29 del mes pasado, reuní a la principalía de este pueblo, previniéndoles informaran lo que les pareciere acerca de la conducta observada en este pueblo por el médico D. José Rizal Mercado, cuando vivía; y enterados expusieron que a la época en que D. José Rizal Mercado residió en este pueblo, que fue hasta que cumplió poco más o menos de diez años, ha entrado en el Colegio de los PP. Jesuitas, y de allí ha estudiado dos años de Medicina y después ha ausentado para Europa de donde no ha vuelto a este pueblo desde entonces más que de paso y por corto número de días según recuerda.

Es cuanto pueden informar a V. S. los principales que conmigo firman, previo visto bueno del M. R. P. C.

[Fol. 134 vto.]

Párroco en

Calamba, 3 de Agosto de 1897.

Vto. Bno.—El M. R. C. Párroco.—En el anterior informe la principalía no dice toda la verdad de lo que deben saber respecto a la conducta y estancia en este pueblo de José Rizal.—Fr. Saturnino Gomez.—Eusebio Elepaño.—Modesto .... (indescifrable).—Juan Mambulo.—José Pabalan.—Isidro Alcaras.—Dionisio Algen.—Procopio

Pabolan.—Leandro Uychanco.—Vicente Bancair.—Francisco Salgado.—Juan de los Reyes.—Juan Bandola.—Juan Banaibanoy.

[Fol. 135 y último.]

23 Abril de 1898.—Encárgase de la Sría. el cabo del Bón. de Cazadores expedicionarios, José Lallave.

23 Abril 1898

[Fol. 135 vto.]

Dáse por concluída la causa; se remite a la Autoridad judicial.—Fin.

PIEZA

Separada de embargos, correspondiente a la causa seguida contra D. José Rizal Mercado.

JUEZ INSTRUCTOR	SECRETARIO
El Capitán de infant.a D. Rafael Domínguez García.	El Cabo E. del R.to 74, Juan González García.

Comienza—11 Dbre. 1896.—[Fol. 2 vto.]

—11 Dbre.—Requiérese al procesado para que presente bienes o fiador. [Rizal manifestó:] Que únicamente en Dapitan tiene algunos bienes y créditos, y en Hongkong sus libros e instrumentos de su profesión, y una letra que trajo de España que se encuentra en poder de su familia y que presentará al Sr. Juez instructor, sin que tenga otra cosa que presentar para el objeto indicado.—J. Rizal

[Fol. 3.]

12 Dbre.—Pásase exhorto al Gobr. P. M. de Dapitan. Para que efectúe el embargo hasta un millón de pesos.

[Fol. 4.]

[Nuevo requerimiento al reo a que presente bienes o fiador.] 29 Dic. 1896. — Ya «sentenciado»

Leyósele la parte dispositiva, «en la cual se fija la cantidad de cien mil pesos, para asegurar las responsabilidades civiles, que nacen del delito,.... manifestó: Que no tiene más propiedades que las de Dapitan, las cuales tiene ordenado que, de venderse, se entregara la cantidad al Sr.

Gobernador de Dapitan, y como valores, tiene un par de gemelos que entrega al señor Juez instructor, y un alfiler de corbata, de oro, y de plata su aguja, figurando una abeja;

[Fol. 4 vto.]

los gemelos de oro con perlitas y dos amatistas y un recibo de una letra por valor de setenta y tres pesos, setenta y seis cénts.—Leída, —José Rizal.

Esta es su última firma en documento oficial. Está con pulso sereno; pero no es tan gallarda como la que puso en el enterado de su sentencia de muerte.

El recibo de la letra de cambio, lo firma Juan Velasco—Manila, 29 Agosto 1896.

(Se conoce que este Velasco (era 1er. ejemplar) se quedaba con ella para mandarla por correo a Madrid.)

La letra original—1a de cambio—a f. José Rizal—Sobre Madrid (a D. A. Bayo)—expedida por la casa Tuason—Manila, 29 Agosto 1896. $73 '76/00

Al respaldo, pone:

»Recibí la cantidad de $95 por Teodora Alonso.

Josefa Rizal.

(Sin fecha.)

Certificado del Registro de la Propiedad de la Laguna, [9 Enero 1897.]

No aparece para nada el nombre de José Rizal.

[Fol. 26.]

Sr. Juez instructor.

Francisco Rizal Mercado y Teodora Alonso, avecindados en esta capital, padres del difunto José Rizal, a V. como mejor proceda nos presentamos y exponemos: Que nuestro hijo en su muerte dejó entre otras cosas un juego de botonadura y un alfiler de corbata, y deseando tenerlos como recuerdo suyo dichos objetos,

Suplicamos a V. se sirva hacer todo lo posible por que consigamos nuestro deseo, y siendo así, cuánto agradeceríamos a Vd. Gracia que imploramos de V., cuya vida guarde Dios muchos años. Manila, 20 Enero de 1897.

El 21 Marzo 97 informó favorablemente el auditor gral. y se accedió.

Vivían los padres—calle de Lacoste, 21—Arrabal de Sta. Cruz.—Las alhajillas le fueron entregadas a la madre, (ya no vivía el padre) 20 Enero 1898.

[Fol. 37.]

En Dapitan a los 15 días del mes de Enero de 1897, el Señor Juez Instructor dispuso por ante mí el Secretario y hallándose presentes los testigos D. Leoncio Reyes y D. Agapito Aseñero, se procediese al embargo provisional de los bienes y efectos de la propiedad de José Rizal Mercado, lo cual tuvo efecto, y consisten en los siguientes:

Un terreno en el sitio de Daanlongsod, del pueblo de Lubungan, que linda al N. con el terreno de D. Santos Daciniel, al S. con los de Moisés Adveruelos y Arroyo, llamado Mangulong; al E. con el río del antiguo pueblo de Lubungan y al O. con los montes del Estado. Tiene una superficie aproximadamente de 34 hectáreas, 47 áreas y 50 centiáreas, teniendo una siembra de 2.000 ponos de abacá, poco más o menos.

Otro terreno en el mismo sitio que linda al N. con tierras de Ángelo Alamang, al S. con terreno de Feliciano Eguía, al E. con el río del antiguo pueblo de Lubungan, y al O. este con el terreno de Dionisio Adveruelos. Tiene una superficie aproximada de 58 áreas y 58 centiáreas, y cuenta con un sembrado de mil ponos de abacá, poco más o menos. La total superficie da ambas parcelas aproximadamente es de 35 hectáreas, 6 áreas y 8 centiáreas, con una siembra de 3.000 ponos de abacá, poco más o menos, en su mayoría cosechables.

Las anteriores parcelas las adquirió José Rizal en compra que hizo a D. Sixto Carreón, vecino de esta Cabecera, en la cantidad de 110 pesos.

Un terreno montuoso y pedregroso, cuya superficie se calcula en 18 hectáreas aproximadamente, y linda al N. con el terreno de Celestino Acopiado en parte y con los montes del Estado; al E. montes del Estado; y al S. y O. con la Bahía de Dapitan y tiene:

Una casa de materiales ligeros de caña y nipa, con harigues de madera y piso de tabla, que mide diez metros y cinco centímetros de fondo y once metros cuarenta centímetros de frente.

Un camarín de materiales ligeros de caña y nipa, con harigues de madera y piso de tabla que mide quince metros de fondo y siete metros diez centímetros de frente. Ambos, casa y camarín, en buen estado.

31 ponos coco.

10 id. de caña espina y varios árboles frutables.

Este terreno lo adquirió del Estado, a excepción de una pequeña parte que lo fue de Lucía Pagbangon en la cantidad de ocho pesos.

Una embarcación (vilus) sin terminar, que mide 19 metros 85 centímetros de eslora, 1'65 de manga y 1'30 de puntal, con dos palos y los siguientes efectos:

Medio tarro de albayalde

Una caña (bombong) con balao.

Tres cables: uno de 10 brazas de largo, y dos de 8, todos de abacá.

Un montón de madera.

Un cabrestante.

58 petates de burí para vela y

Un ancla.

Y no habiendo dejado en este distrito otros bienes——Firman: Ricardo Carnicero.—Agapito Aseñero, Celestino L. Rey Y Canuto Lagarnia (Srio).

El mismo 15 Enero 97 nombróse depositario al vecino de Dapitan Don Cosme Borromeo.

Y el mismo 15 se devolvió el exhorto.

20 Enero 1898—entregan el alfiler a la madre—(Noto que la firma, ni la rúbrica son exactamente iguales a las de la instancia.)

La madre reconoció los gemelos y el alfiler y se los quedó.

El no haber venido antes, «enfermedades sufridas», etc. y el juez acabó por ir a casa de Da Teodora Alonso, Paseo de Azcárraga, 3.—Ella manifestó que su esposo había muerto—Ella quedó satisfecha y agradecida.—Firma.

El Cura de Binondo certifica la defunción del padre de Rizal. 6 Enero 1898, sepultado en la Loma. Francisco Rizal Alejandra, indio, natural de

Biñán, Laguna, casado con Da Teodora Alonso, natural de este arrabal, y residentes calle Estraude. 5 Enero 1898, a los 87 años. Recibió penitencia y extremaunción—Entierro rezado.

Fr. Simon Sanchez Cantador.

Agustino.

Parroquia de Binondo.

1

MINISTERIO DE LA GUERRA

El Subsecretario

(Particular.)

Sr. D. Wenceslao E. Retana.

Amigo Retana: Ya está aquí [procedente del Archivo de Segovia] la causa de Rizal; como es documento importante, no puede salir del Ministerio. Por tanto está aquí a su disposición en el cuarto del Oficial de guardia, donde podrá Vd. tomar las notas que necesite.

Suyo affmo. amigo q. l. b. l. m.

Julio Domingo Bazán.

18 Sepbre. 905.

Es copia

Retana.

2

Así en la primera carpeta: en lo interior, Cap. de Inf. D. Rafael Domínguez García.—Cambió el Juez el 19 Marzo 1897.

3

Firma con pulso muy seguro, letra clara y hermosa: los rasgos denotan la más absoluta serenidad. ¡La más hermosa firma que de Rizal he visto!

Apendice "A"

Estatutos de la Liga filipina

L. F.

Fines:

1.º Unir todo el A**1 en un cuerpo compacto, vigoroso y homogéneo.

2.º Protección mutua en todo apuro y necesidad.

3.º Defensa contra toda violencia e injusticia.

4.º Fomento de la instrucción, agricultura y comercio.

5.º Estudio y aplicación de reformas.

Lema: VIO ***

Contraseña: ***

Forma:

1.º Para poner en práctica estos fines se crean Cp, CP y un CS.

2.º Cada C constará de un G, F, T, S y miembros.

3.º El CS constará de GP, así como el CP solo se compondrá de Gp.

4.º El CS manda sobre la LF y se entiende directámente con los GP y Gp.

5.º El CP manda sobre los Gp.

6.º El Cp sólo manda sobre los A.

7.º Cada CP y Cp adopta un nombre diferente del de la localidad o región.

Deberes de los A:

1.º Pagará la cuota mensual de diez céntimos [de peso].

2.º Obedecerá ciega y puntualmente toda disposición que emane de un C o de un G.

3.º Participará al F de su C cuanto note ú oiga que tenga relación con la LF.

4.º Guardará el secreto más absoluto sobre las decisiones del C.

5.º En todos los actos de la vida concederá la preferencia a los A; no comprará sino en la tienda de un A, o cuando algo le venda, lo hará con rebaja. Toda infracción de este artículo será severamente castigada. ***

6.º El A que pudiéndolo no socorra a otro en caso de apuro o peligro, será castigado y se le impondrá cuando menos la misma pena que el otro ha padecido.

7.º Cada A, a su afiliación, adoptará un nombre nuevo, y no podrá cambiarlo mientras no sea GP.

8.º Aportará a cada C un trabajo, una observación, un estudio o un nuevo aspirante.

9.º No se someterá a ninguna humillación ni tratará a nadie con altanería.

Del G:

1.º Velará por la vida de su C. Conocerá de memoria los nombres nuevos y verdaderos de todos los CC si es el GS. y si sólo es Gp los de todos sus A.

2.º Estudiará constantemente los medios para unir a sus subordinados y ponerlos en rápida comunicación.

3.º Estudiará y remediará las necesidades da la LF, del CP o del Cp, según sea GS, SP o Gp.

4.º Atenderá cuantas observaciones, comunicaciones y peticiones se le hagan, y las pondrá inmediatamente en conocimiento de quien corresponda.

5.º En el peligro será el primero, y es el primer responsable de cuanto acontezca dentro de su C.

6.º Dará ejemplo de su subordinación a los G superiores para que a su vez sea obedecido.

7.º Verá en el último A la personificación de toda la LF.

8.º Las faltas de las autoridades se castigan con más severidad que las de los simples A.

Del F:

1.º El F vela por que todos cumplan con su deber.

2.º Acusará ante el C toda infracción o incumplimiento observado en cualquier miembro del C.

3.º Pone en conocimiento del C todo peligro o persecución.

4.º Examinará el estado de los fondos del C.

Del T:

1.º Llevará un registro de los nombres nuevos de los A que forman su C.

2.º Rendirá estricta cuenta, cada mes, de las cuotas recibidas, anotadas por los mismos A, con sus contraseñas particulares.

3.º Dará un recibo, y hará que lo anote en el registro con el mismo puño y letra del donante todo donativo que exceda de un peso y no pase de cincuenta pesos.

4.º El Tp conservará en la caja del Cp la tercera parte de las cuotas recogidas para las necesidades del mismo. El resto, cuando ascienda a diez pesos, lo entregará al TP, enseñándole su registro y escribiendo él mismo en el registro del TP la cantidad entregada. El TP dará entonces un recibo; y si está conforme con las cuentas, pondrá en el registro del otro su visto bueno. Iguales procedimientos se seguirán cuando el TP entregue fondos al ST, que pasen de diez pesos.

5.º El TP retendrá de las cantidades a él entregadas por los Tp una décima parte para los gastos del CP.

6.º Cuando algún A quiera dar a la LF una suma que exceda de cincuenta pesos, los depositará en Banco seguro, bajo su nombre vulgar, y entregará después el recibo al T que mejor le parezca.

Del S:

1.º Dará cuenta en cada reunión de lo que se ha dispuesto y anunciará lo que se haya de hacer.

2.º Redactará la correspondencia del C. En caso de ausencia o imposibilidad, toda autoridad nombrará un sustituto, hasta que el C ponga [otro] en su lugar.

Derechos de los A:

1.º Todo A tiene derecho al socorro moral y pecuniario de su C y de la LF.

2.º Podrá exigir que todos los A le favorezcan en su comercio o profesión siempre que ofrezca tantas garantías como los otros. Para esta protección transmitirá a su Gp su nombre verdadero y sus condiciones, para que éste lo pase al GS, quien por los medios idóneos lo hará saber a todos los A de la LF.

3.º En cualquier apuro, agravio o injusticia, el A puede invocar todo el socorro de la LF.

4.º Podrá pedir capital para una empresa cualquiera, siempre que en la Caja haya fondos.

5.º De todos los establecimientos o miembros sostenidos directamente por la LF podrá exigir rebaja en los artículos o servicios que se le hiciesen.

6.º Ningún A será juzgado sin que antes se le permita la defensa.

Del S (sic):

1.º Es indiscutible mientras no preceda acusación de F.

2.º A falta de tiempo y ocasión puede obrar por sí y ante sí, quedando en responder a los cargos que se le puedan hacer.

3.º Dentro del C es el juez de toda cuestión o litigio.

4.º Es el único que está facultado para conocer los verdaderos nombres de sus A o subordinados.

5.º Tiene amplias facultades para organizar los detalles de las reuniones, comunicaciones y empresas para su eficacia, seguridad y rapidez.

6.º Cuando un Cp sea bastante numeroso, puede el Gp crear otro sub C nombrando él primero a las autoridades. Una vez constituídos, les dejará elegirlos según reglamento.

7.º Todo G está facultado para fundar un C en un pueblo donde aún no lo hubiese, participándolo después al CS o CP.

8.º El G nombra al S.

Del F:

1.º Hace salir o comparecer a todo acusado, mientras se expone el caso en el C.

2.º Puede en cualquiera ocasión examinar los registros.

Del T:—Dispone de los fondos en una necesidad urgente e imperiosa de algún A o del C, con la obligación de dar cuenta y responder ante el Tribunal de la LF.

Del S:—Puede convocar juntas o reuniones extraordinarias, además de las mensuales.

Inversión de los fondos:

1.º Se sostendrá al afiliado o a su hijo que, no teniendo medios, demuestre aplicación y grandes aptitudes.

2.º Se sostendrá al pobre A en su derecho contra algún poderoso.

3.º Se socorrerá al A que haya venido a menos.

4.º Se prestará capital al A que lo necesite para una industria o agricultura.

5.º Se favorecerá la introducción de máquinas e industrias nuevas o necesarias en el país.

6.º Se abrirán tiendas, almacenes, establecimientos en donde los A puedan surtirse más económicamente que en otra parte.

El GS tiene amplia facultad pura disponer de los fondos en casos apurados, siempre que después dé cuenta ante el CS.

Disposiciones generales

1.º Ninguno podrá ser admitido sin previa y unánime votación del C de su pueblo, y sin satisfacer a las pruebas a que se le haya de someter.

2.º Los cargos caducan cada dos años, salvo cuando baya acusación del F.

3.º Para obtener los cargos se necesitan las tres cuartas partes de los votos de los presentes.

4.º Los A eligen al Gp, Fp y Tp; las autoridades p eligen las P, y las P eligen los S.

5.º Cada vez que se admite a un A el Gp se lo comunica al GS, con su nombre nuevo y el antiguo: lo mismo cuando se funda un nuevo C.

6.º Las comunicaciones, en tiempo ordinario, sólo deben llevar los nombres simbólicos, tanto del que firma como del destinatario, y el curso que sigue es: del A al Gp, de éste al GP o GS, y vice-versa. Sólo en casos extraordinarios pueden salvarse estos formalidades. No obstante, en todo tiempo y lugar, el GS puede dirigirse directamente a cualquiera.

7.º No es menester que todos los miembros de un C estén presentes para que las decisiones tengan validez. Basta que se halle presente la mitad y una de las autoridades.

8.º En los momentos críticos, cada C se considerará como la salvaguardia de la LF, y si por una causa ú otra se disolviesen los demás o desapareciesen, cada C, cada G, cada A tomará sobre sí la misión de reorganizarlo y constituirlo.

Texto impreso del extracto de los Estatutos y Reglamentos de la Liga Filipina.

Número.............

Al .... de ....

Yo, ... de .... años de edad, de estado .... profesión .... como hijo predilecto de Filipinas declaro bajo formal juramento que conozco y estoy enteramente enterado de los fines que persigue la Liga Filipina, cuyo texto está consignado en el dorso de la presente; por cuanto me someto y solicito espontáneamente al G* ....de esta provincia, se me admita como A* y cooperador de la misma, y para el efecto, dispuesto incondicionalmente a prestar las necesarias pruebas que se me exijan, en testimonio de mi sincera adhesión.

.... de .... de 18....

L. F.	L. F.
Fines:	Layon:
1.º unir todo el A.*** en un cuerpo compacto, vigoroso y homogéneo.	1.º Pisanin ang lahat ng A.*** sa isang catipunang malagô, masicap at iisa ang loob.
2.º Protección mutua en todo apuro y necesidad.	2.º Damayan sa balang sacunâ at cailang an sa buhay.
3.º Defensa contra toda violencia e injusticia.	3.º Másaquitan sa anomang ligalig at calapastang anan.
4.º Fomento de la instrucción, agricultura y comercio.	4.º Pasulung in ang pagaaral, ang pagtatanim at ang comercio.
5.º Estudio y aplicación de reformas.	5.º Pagsasanay at pagcacapit ng mg a bagong palacad.
LEMA: V. I. O.	TAGURI: V. I. O.
SIGNO: ***	TANDÂ: ***
Deberes de los A: *	Catungculan ng mga A: *
1.º Pagará dos pesos de una sola vez, como cuota de entrada, y cincuenta céntimos de peso, como cuota mensual,desde el mes de su ingreso.	1.º Magbabayad ng dalauang piso, minsan lamang, handog baga sa pagpasoc, at isang salapi naman ang catungculang hulog sa buan
	buan, buhat sa canilang ipinasoc.

2.º Con la conciencia del que se debe a su patria, para cuya prosperidad y por el bienestar que debe ambicionar para sus padres, hijos, hermanos y seres queridos que le rodean debe sacrificar todo interés personal, obedecerá ciega y puntualmente todo mandato, toda disposición de palabra o por escrito que emane de su C.* o del G. P.*

2.º Ayon sa tapat na loob ng umiibig sa sariling bayan, na sa icatitimáuâ at sa icaguiguinháua na dapat nasain sa canilang magulang, anac, capatid at mg a ibang minamahal na sa caniya'y lumilíbid, dapat maggugol ng boong macacaya, tumalima ng tapat at bulag na pagsunod sa balang utos at àtas maguing sa sabi o sa sulat, na mang gagaling sa canilang C.* o sa G. P.*

3.º Participará inmediatamente y sin perder momento a las autoridades de su C.* todo cuanto vea, note ú oiga que constituya peligro para la tranquilidad de la L. F.* o algo que a ella se refiera; procurando con empeño ser sincero, veraz, y minucioso en todo aquello que trate de comunicar.

3.º Ypag bigay alam capagcaraca at huag ililiban, sa mg a pinuno sa canilang C.* ang anomang maquita, ma pansing maring ig cayá, na icapang ang anib ng catahimican ng L. F.* o anomang naoocol dito; pagpipilitang maguing dapat, tunay at maayos sapag papahayag ng mg a dapat ipagbigay alam.

4.º Guardará en el secreto más absoluto a los profanos, aunque éstos fuesen sus padres, hermanos, hijos, etc., a costa de su propia vida, los hechos, actos y decisiones de su C.* y de la L. F. en general, siendo el medio para conseguir lo que el A.* más ama en la vida.

4.º Pag iing atang lubos na malihim sa di dapat macaalam cahit sa magulang, sa capatid, sa anac at iba pá, pagcacaramayan man ng buhay, ang anomang balac, gauâ at átas ng canilang C.* at ng boong L. F.* palibhasa'y paraan bagay na lalong pinacamamahal sa buhay.

5.º En todos los actos de la vida concederá la preferencia a los otros A.*, no comprará sino en la tienda de un A.* o cuando algo le venda, lo hará con rebaja. En igualdad de circunstancias siempre favorecerá al A.* Toda infracción de este artículo será severamente castigada.***

5.º Ungaliin cailan man ang tang ing pag ting in sa mg a A.*; hindi bibili cundi sa tinda, ng A.* at ang pagbibili naman ay mura. Sacaling nagcacaisa ang halaga saan man, dapat na lingapin ang A.* ang maguiguing pagcuculang sa átas na ito ay parurusahan ng mahigpít.***

6.º El A.* que pudiéndolo no socorra a otro en caso de apuro o peligro, será castigado y se le impondrá cuando menos la misma pena que el otro ha padecido.

6.º Ang A.* na may cáya at di sumaclolo sa capuâ sa pagdadalitâ o cayá sa quinalalaguiang pang anib ay parurusahan at sa caniya'y ihahatol o icacapit cung hindi pa sapat, gayon ding parusa na ipinadalita sa iba.

7.º Cada A.* a su afiliación adoptará un nombre nuevo a su elección y no podrá cambiarlo mientras no sea Gp.*

7.º Balang A.* sa pagpasoc ay magtataglay ng bagong pangalan na siya ang pipili at hindi macapagbabago hangang siya'y hindi pa Gp.*

8.º Aportará a cada C.* un trabajo, una observación, un estudio o un nuevo aspirante.	8.º Magpapaquita sa canicanilang C.* ng isang nagauá, isang nauarì, isang napag aralan o caya isang bagong pumapasoc.
9.º No se someterá a ninguna humillación, ni tratará a nadie con altanería y desprecio.	9.º Huag papayag na maaalipustâ, huag namang mamamalibhasa at manghahamac canginoman.
Disposiciones generales:	Madlang pasiya:
1.º Para que fuese admitido un A.* el aspirante a la L. F.* es preciso que poseyese moralidad, buenas costumbres;	10.o Upang matangap ang isang A dito sa L. F.* cailangang may tinagong cabaitan, mabuting caugalian; hindi
no haber sido procesado justificadamente como ladrón; no ser jugador, borracho ni libertino. El aspirante deberá pretender y solicitar de un A.* su ingreso y éste lo comunicará a su F.* para las averiguaciones necesarias respecto de su conducta.	baga na parusahan totoong magnanacao; hindi babád sa sugal, mapaglangô cayâ o palibot libot. Ang may nasang pumasoc ay magpahayag lamang sa isa sa A.* at ito'y magsasabi sa caniyang F.* upang mapagsiyasat ang asal at ugali ng pumapasoc.

LONDON PRINTING PRESS
No. 25, Khulug Street,
LONDON

1

Las abreviaturas tienen el significado siguiente, «tal como aparece en el original, hecho de puño y letra de Rizal»:

LF	Liga Filipina.
A**	Archipiélago.
VIO	VNVS INSTAR OMNIUM.
Cp	Consejo popular.
CP	Consejo Provincial.
CS	Consejo Supremo.
C	Consejo.
G	Gefe.
F	Fiscal.
T	Tesorero.
S	Secretario.
A	Afiliados.

P mayúscula significa Provincial y p minúscula significa popular.

Apéndice "B"

[Dapitan, 10 Nbre. 1893]

Excmo. Sr. D. Ramón Blanco y Erenas.

Mi respetable general: Me había propuesto ser siempre muy lacónico y molestarle lo menos posible con mi correspondencia; pero parece que los acontecimientos se suceden para no permitirlo.

El día 4, me llamó la atención un individuo que calándose mucho el sombrero y al parecer procurando esquivar ser visto, atravesaba, al oscurecer, los barracones de palay, en dirección a la playa y los terrenos de Rizal. La forma en que pasaba, por terrenos casi intransitables, la hora y la dirección, me hicieron sospechar algo, que en aquel momento no pude precisar, pero que al fin parecía extraordinario. Y en esta confianza salí a su encuentro, por dirección opuesta; pero, sea que antes que yo atravesase el río que separa los terrenos de Rizal, o fuese que retrocediese antes o tomase otra dirección, no pude encontrarle y me retiré a la Comandancia, pensando en el hecho que me había llamado la atención.

No habían transcurrido dos horas, cuando Rizal se me presentó diciéndome (éstas son sus palabras): «Siento tener que delatar, pero a ello me obliga: mis ideas de siempre, que nunca fueron separatistas, como bajo mi palabra de honor aseguré al Señor general Despujol, por una parte; por otra, la ancianidad y tranquilidad de mi madre, hoy a mi lado, en donde todo lo he empleado en pro de mayores comodidades a su edad y distracción, y a la de mi joven hermana; y por último, la obligación en que como caballero estoy de corresponder a la generosidad de las Autoridades que respetan el cierre de la correspondencia. Siento delatar, y que acaso con ello perjudique a alguno que aún me crea tonto y crédulo para exponer a toda mí familia a contrariedades. Pero no tengo más remedio que participarle que ayer por la noche se me ha presentado un individuo con el nombre de Pablo Mercado, que dice ser pariente mío, manifestándome venir comisionado de Manila para enterarse de mi situación y necesidades, ofreciéndome hacer llegar cuantos escritos y correspondencia fuese necesario a mis planes, aunque lo ahorcaran, presentándome un retrato mío y unos botones con las iniciales P. M. Señor Comandante: digo a Vd. el hecho; Vd. proceda como le parezca, y si hay quien de mí se ocupa en este sentido, que cada cual responda de sus actos. Tengo bastante con la situación a que me ha conducido sólo la infamia de los que tienen engañados completamente a las Autoridades y al Estado.»

Al llegar aquí le despedí, y acompañado del Gobernadorcillo, procedí a la prisión del tal Pablo Mercado, encontrando al interesado el retrato de referencia, y una cédula con el nombre de Florencio Nanaman, con cuyo documento, orden de incomunicación y de proceder a las diligencias lo entregué al gobernadorcillo.

¡Pero cuál no habrá sido mi sorpresa al enterarme de las diligencias hoy, y resultar en ellas lo que no era, ni remotamente posible esperar!

Sin tiempo ya para haberlas hecho reservadas, siquiera fuese para evitar el desprestigio de una comunidad, caso de resultar cierto lo que aparece, o cuando menos, los comentarios a que los trámites han de dar lugar, las remito a V. E. particularmente, creyendo que de este modo sea más fácil a su respetable Autoridad resolver según convenga; y huyendo por lo tanto del curso oficial, al que acaso no crea prudente V. E. llevar declaraciones de tal trascendencia. No obstante, adjunto el oficio que oficialmente puede hacer aparecer su remisión.

El procesado llegará a esa a disposición de V. E. preso y aún incomunicado, a fin de evitar todo roce con la persona de Estanislao Legazpi, y las de Mariano Ramírez y Eduardo Litonjúa, cuyas declaraciones pueden dar toda la luz de que parece necesario el asunto.

Concluídas las diligencias, Rizal, se presenta pidiendo acta de lo ocurrido, la que me ha parecido prudente negarle a pretexto de que, incoada la causa, no podía hacerlo, haciendo de uso particular y público lo que hasta ahora estaba en secreto sumarial. Indignado, herido y molesto como está, con el procedimiento empleado con él, un documento de esta clase, en sus manos, puede remover cenizas.

De V. E. como siempre atento S. S. y respetuoso subordinado—Q. S. M. B.—Juan Sitges.—Dapitan 10 de Nobiembre de 1893.

Tribunal de Dapitan | Diligencias practicadas | Contra | Pablo Mercado | Juez: El Gobernadorcillo D. Anastasio Adriático.

[Sello al margen:] Comandancia P. M. de Dapitan.—Núm. 573 — Gobernadorcillo de Dapitan.—Sírvase V. proceder a las diligencias correspondientes a la aclaración del objeto de la llegada a este pueblo del individuo Pablo Mercado, con cédula a nombre de Florencio Nanaman, y a quien se le ha encontrado un retrato que le acompaño, a fin de que figure en ellas, manteniendo incomunicado al procesado hasta nueva orden.– Dapitan 6 de Noviembre de 1893.– El Gobernador P. M.,–Juan Sitges.

Tribunal de Dapitan, a seis de Noviembre de mil ochocientos noventa y tres.

Auto.–Por recibida la anterior orden del Señor Comandante Político Militar de este Distrito con la persona de Pablo Mercado, un retrato y una cédula personal, únanse éstos a continuación; póngase en clase de detenido al citado individuo en el cuarto de detenidos de esta Casa Tribunal; recíbasele indagatoria con arreglo a Ley y practíquense todas cuantas diligencias fuesen necesarias. Así lo mando y firmo con mis testigos de asistencia D. Mariano Hamoy y D. Tomás Galleposo, que certificamos. (Siguen las firmas.)

En la misma fecha seis de Noviembre de mil ochocientos noventa y tres, se verificó la unión mandada, de que certificamos.

[La cédula, de 6.a clase, expedida en Cagayán (Misamis) a 18 de Febrero de 1893,–Pueblo de Iligan. Año de 1893. D. Florencio Nanaman, natural de Cagayán, provincia de Misamis, de 30 años de edad, de estado solt.o y profesión labd.r, habita en el pueblo de Cagayán y se halla empadronado en esta Admon. con al núm. 702.–El retrato, tamaño «americana», lo es de un grupo de tres filipinos, uno de los cuales lleva arriba y abajo, con tinta, la palabra Rizal.]

En Dapitan a seis de Noviembre de mil ochocientos noventa y tres. El gobernadorcillo actuante D. Anastasio Adriático asistido de nosotros los testigos de asistencia, teniendo presente al que se llama Pablo Mercado e interrogado por sus circunstancias personales, dijo tener las que aparecían en la cédula que va unida a las presentes, y son: Florencio Nanaman natural de Cagayán (Misamis) de treinta años de edad, soltero, de oficio labrador, y se le examinó de la manera siguiente.

Preguntado: Con qué objeto había llegado a esta Cabecera, dijo: Que había venido a desempeñar una comisión cerca del Señor Rizal.

Preguntado: Explique los conceptos de la Comisión, dijo: Que había recibido instrucciones a fin de adquirir un retrato del Señor Rizal para no equivocarse cuando hubiera ocasión de hablarle, recorrer los pueblos del Distrito, llegar a Dapitan recogiendo en su tránsito cuantos libros escritos por aquél encontrare, conocer al señor Rizal y presentársele como amigo político y pariente, comisionado por los suyos de Manila para enterarse de su situación y necesidades y ofrecérsele para ayudarle en su propaganda hasta lograr arrancarle cartas o escritos en sentido separatista. Y que al efecto se le dejó un retrato que, del Señor Rizal, le había facilitado Estanislao Legazpi, vecino de la calle de Madrid, número 17 o 37 (Manila) y un par de botones con las iniciales P. M. correspondientes al nombre de Pablo y al apellido Mercado del Señor Rizal para inspirarle más confianza con su supuesto apellido. Que después de recorrer los pueblos donde no tuvo más remedio que sustraer dos libros que encontró, llegó aquí el día tres del actual, hospedándose en casa del Teniente Ramón, y que al oscurecer salió por las afueras del pueblo, llegando a casa del Señor Rizal, a quien trató de sacarle escritos y solo consiguió ser arrojado por él; que entonces se retiró a su casa, en donde permaneció oculto hasta la noche de ayer, en que el Señor Comandante Político-Militar le redujo a prisión en persona, encontrando el retrato y la cédula que está encima de la mesa.

Preguntado: Cuál es su verdadero nombre, dijo: que el de la cédula; pero que tenía órdenes de presentarse con el de Pablo Mercado.

Preguntado: De quién recibió esas órdenes y conoce el objeto de ellas, dijo: que en el mes de Mayo el Padre Recoleto de Cagayán le ordenó hiciese el viaje en las condiciones declaradas; le entregó setenta pesos para sus gastos y ropa decente con que debía presentarse al Señor Rizal y los botones, y le dijo que caso de morir, pues se encontraba enfermo, entregase cuanto sacase del Señor Rizal al Procurador de Recoletos, que ya tenía orden de gratificarle con largueza; que ignora el objeto que se proponía el Padre; que solo le dijo al despedirle que fuera listo y que no tuviese cuidado, que ellos lo podían todo y que lo sacarían adelante, si algo le ocurría, y que en esta seguridad lo había hecho todo.

Preguntado: Si puede presentar documento o testigo que le abonen, dijo: que no; que el Padre no quiso darle más que dinero y palabras; pero que en el Convento o la Procuración debe existir las dos obras que adquirió cuando empezó a cumplir sus órdenes.

Preguntado: Si tiene algo más que añadir o quitar, dijo: que no; que solo tenía el propósito de embarcar en el próximo correo para Manila a dar cuenta al Procurador de recoletos, a quien conoce, de su gestión. Y habiéndosele leído lo escrito, lo halló conforme, ratificó su contenido y firmó conmigo, de que nosotros los testigos damos fé. (Siguen las firmas.)

Tribunal de Dapitan, a seis de Noviembre de mil ochocientos noventa y tres.

Auto.—Procedase al registro del equipaje de Florencio Nanaman, poniéndose en depósito en este Tribunal el par de botones a que se refiere en su anterior declaración: recíbase declaración al Señor Doctor Don José Rizal y al Teniente Don Ramón Carreón. Así lo mandó y firmó el Gobernadorcillo actuante, de que certificamos. (Siguen las firmas.)

Dapitan seis de Noviembre de mil ochocientos noventa y tres. El Gobernadorcillo actuante con sus testigos de asistencia y estando presente Florencio Nanaman, se procedió al registro de su equipaje, que consiste en un envoltorio de ropa ordinaria de vestir, una camiseta ya usada, con las iniciales en seda colorada de P. M., la que por disposición de dicho Gobernadorcillo queda en poder de nosotros los testigos de asistencia; por lo que y no habiéndose encontrado otra cosa más, se dió por terminado el presente, después de haber practicado las pesquisas legales; firmando con dicho Gobernadorcillo el citado Florencio Nanaman, de que certificamos. (Siguen las firmas.)

Dapitan a seis de Noviembre de mil ochocientos noventa y tres. El Gobernadorcillo actuante D. Anastasio Adriático, asistido de nosotros los testigos de asistencia; compareció Don José Rizal, Doctor en Medicina y Cirugía, natural del pueblo de Calamba, transeúnte en este pueblo, soltero, de treinta y dos años de edad, se le recibió juramento que prestó en debida forma de decir verdad en cuanto supiere y le fuere.

Preguntado: Si conoce o noticias tiene de la llegada del individuo que dice se llama Pablo Mercado; dijo: Que no.

Preguntado: Si en la noche del día tres ha tenido con dicho individuo alguna conversación, y caso afirmativo, especifique la hora aproximada en que había sido, y lo que le refirió acerca del objeto de su venida y demás particulares, dijo: Que entre ocho y nueve de la noche del día tres del actual, un individuo se presentó en su domicilio sin avisar a nadie, y preguntado por el declarante qué deseaba, contestó que venía a visitarle. Dijo asimismo que venía de Oroquieta por tierra y a pié, descalzo, con dos objetos: uno de ellos el de visitar al declarante, y otro que explicó con mucha vaguedad; mostró al declarante un retrato en grupo, en que éste figuraba; hablóle de personas residentes en Manila con las cuales pretendía poner al declarante en comunicación; manifestó haber traído dos obras del declarante, pero que las había dejado en Cagayán en poder de ciertas personas; pretendió haber visto al declarante en Manila en compañía de personas con quienes el declarante nunca había estado durante su permanencia en la Capital. Al fin, como el declarante le diese a entender que debía marcharse, ofreció entonces sus servicios para ser portador de la correspondencia que el declarante no juzgase conveniente confiar al buzón; instó, además, a que el declarante escribiese, especialmente a los Señores D. Eduardo Litonjúa y D. Mariano Ramírez, con quienes el declarante nunca se había carteado, y de los cuales sólo al último conoció, por haber sido su compañero de Colegio. Después de esto, se despidió; mas como la noche era lluviosa, tuvo que volver y pedir al declarante hospitalidad, la que le fue concedida hasta el día siguiente, en que se le despertó para hacerle abandonar la casa.

Preguntado: Si tenía algo más que añadir o quitar a lo declarado; dijo: que no.

Y habiéndosele leído lo escrito, lo halla conforme, ratificó su contenido y firmó con el Gobernadorcillo actuante, de que certificamos. (Siguen las firmas.)

En Dapitan a siete de Noviembre de mil ochocientos noventa y tres. El Señor Gobernadorcillo actuante Don Anastasio Adriático, acompañado de nosotros los testigos de asistencia, teniendo presente a D. Ramón Carreón, se le recibió juramento, que prestó en debida forma, y manifestó ser natural y vecino de este pueblo, casado, de cincuenta y cinco años de edad, de profesión labrador y empadronado en la Cabecería número 30 con el número 8; y fue examinado de la manera siguiente:

Preguntado: Si conoce o noticias tiene de la llegada a esta cabecera del individuo que se llamaba Pablo Mercado; dijo: que sí conoce al citado Pablo Mercado.

Preguntado: Cómo y cuándo se hospedó en la casa del declarante el referido individuo; dijo: Que en la noche día jueves ultimó se presentó en su casa pidiendo hospitalidad el citado individuo, y por ser conocido del declarante desde Cagayán de Misamis le fue concedida su petición, como así había sido.

Preguntado: Si sabe o conoce el objeto de la venida de aquél; dijo: que no; y sí solo dijo que su intención era el de embarcarse en el próximo correo.

Preguntado: Si había visto, o noticias tuvo del retrato y cédula que traía consigo el citado Pablo; dijo: que no.

Y habiéndosele leído lo escrito, lo halló conforme, ratificó su contenido y firmó con el gobernadorcillo actuante, de que certificamos. (Siguen las firmas.)

Tribunal de Dapitan, a siete de Noviembre de mil ochocientos noventa y tres.

Auto.—Amplíese la declaración de Florencio Nanaman. Así lo mandó y firmó el Gobernadorcillo actuante, de que certificamos. (Siguen las firmas.)

En Dapitan, a siete de Noviembre de mil ochocientos noventa y tres. El gobernadorcillo actuante D. Anastasio Adriático, asistido de nosotros los testigos de asistencia, teniendo presente a Florencio Nanaman, cuyas circunstancias personales ya quedan escritas en su anterior declaración, se le hizo saber la obligación que tiene de decir verdad en cuanto supiese y fuere

Preguntado: En qué fecha salió de Cagayán de Misamis para esta Cabecera, dijo: En la fecha veintisiete del pasado Octubre.

Preguntado: Por qué pueblos había pasado o parado, dijo: Que de Cagayán a Iligan hizo el viaje a pie, parando un día en el pueblo de Initao: de Iligan a Oroquieta hizo el viaje por mar, yendo de pasajero en el vapor «Serrantes», y de Oroquieta a esta Cabecera, a pie.

Preguntado: En qué pueblos obtuvo los dos libros que refiere en su primera declaración, dijo: Que estando aún en Manila, adquirió dos ejemplares de «El Filibusterismo» escrito por el Señor Rizal, de Estanislao Legazpi.

Preguntado: En dónde se encuentran en la actualidad dichos libros, dijo: Que en poder del Padre Recoleto de Cagayán, a quien los había entregado.

Preguntado: Por el nombre y apellido del Padre de quien recibió órdenes, dijo: Que se llama Padre Gerardo, e ignora su apellido.

Preguntado: Por el nombre y apellido del Padre Procurador, dijo: Que se llama Padre Demetrio, e ignora asimismo su apellido.

Preguntado: Quiénes era o eran sus compañeros en el viaje, dijo: Que desde el barrio de la Conquista vino acompañado de un individuo cuyo nombre era Basilio y de un alguacil; cuyo Basilio era su compañero al ir a casa del Señor Rizal, pernoctando ambos allí a causa de una lluvia que les alcanzó en su retirada.

Preguntado: Si se ratifica en la pregunta tercera de su primera declaración acerca de su verdadero nombre, dijo: Que por equivocación y por habérsele perdido su verdadera cédula, presentó al Señor Comandante Político-Militar una cédula que no era la suya, y dijo que su verdadero nombre era el que aparecía en ella; pero que en realidad su nombre legítimo y propio era el de Pablo Mercado.

Preguntado: Dónde, cuándo y cómo conoció a D. Eduardo Litonjúa y D. Mariano Ramírez, dijo: Que en una noche cuya fecha no recuerda, se encontró en la Botica de la calle de Jaboneros, Binondo, con los dos citados individuos, y en donde llegaron a conocerse, y de quienes ningún encargo había recibido.

Preguntado: Si había estado preso o procesado alguna vez. dijo: que preso, nunca, y sí procesado por lesiones.

Y habiéndosele leído lo escrito, lo halló conforme, ratificó su contenido y firmó conmigo, de que nosotros los testigos de asistencia damos fe. (Siguen las firmas.—Pablo Mercado deja de firmar, como antes lo había hecho, con el nombre de Florencio Nanaman.)

Dapitan, a siete de Noviembre de mil ochocientos noventa y tres. El Gobernadorcillo actuante D. Anastasio

Adriático, asistido de nosotros los testigos de asistencia, teniendo presente [a] Basilio de la Peña, se le recibió juramento, que prestó en debida forma, de decir verdad en cuanto supiere y le fuere interrogado, y manifestó ser indio, natural y vecino de este pueblo, soltero, de veintitres años de edad, de profesión labrador y con cédula personal de décima clase número 1978159, y fue examinado de la manera siguiente:

Preguntado: Si conoce al individuo que se llamaba Pablo Mercado, dijo: que no.

Preguntado: En qué sitio se había encontrado con dicho individuo, y cómo vino con él, dijo: Que viniendo del barrio de la Conquista, se encontró en el camino a un individuo a que no conoce, haciendo el viaje con él, y a llegar a esta cabecera preguntó al declarante por la casa del teniente Ramón; y

Preguntado: Por el motivo de haber acompañado al citado individuo a casa del Señor Rizal, dijo: Que el día siguiente a su llegada y estando en la tienda del chino Santiago Roldan Sy-Canjo, le llamó el individuo que fue compañero suyo del viaje haciéndole acompañar a casa del Señor Rizal, como así hizo.

Preguntado: Qué ha hecho llegado que fue a casa del Señor Rizal, dijo: Que el declarante se quedó en la escalera, yendo solo adelante su compañero, y al salir éste, como los alcanzara una lluvia, volvieron y pernoctaron en la casa de dicho Señor, y al día siguiente éste despertó al declarante y su compañero para que se retiraran, como así hicieron, y en llegando al pueblo cada uno de los dos se retiró a su domicilio.

Preguntado: Si ha estado preso o procesado alguna vez, dijo: que no.

Y habiéndosele leído lo escrito, lo halló conforme; ratificó su contenido y no firmó por decir no saber; hízolo, el Gobernadorcillo actuante, de que certificamos. (Siguen las firmas.)

Dapitan y su Tribunal, a siete de Noviembre de mil ochocientos noventa y tres.

Auto.—Recibida la orden del Señor Comandante Político-Militar de este distrito, levántese la incomunicación de Pablo Mercado, y elévense las presentes originales a dicho Señor mediante atenta comunicación. Así lo mandó y firmó el Gobernadorcillo actuante, de que certificamos. (Siguen las firmas.)

[La orden aludida, dice: «Gobernadorcillo de Dapitan.—Habiendo transcurrido el tiempo legal de la incomunicación del individuo Pablo Mercado, sírvase V. proceder a levantarla, siempre y cuando que de las diligencias no resulte contraproducente.—Dapitan 7 de Noviembre de 1893.—El Gobernador P. M.,—Juan Sitges].

Hacemos constar hoy siete de Noviembre de mil ochocientos noventa y tres. Se levantó la incomunicación de Pablo Mercado, como está mandado en el auto anterior, de que certificamos. (Siguen las firmas.)

Hacemos constar que hoy siete de Noviembre de mil ochocientos noventa y tres. Se elevaron las presentes, constantes de quince fojas útiles mediante atenta comunicación al Señor Comandante Político-Militar de este Distrito, de que certificamos. (Siguen las firmas.»)

[Oficio de remisión] Comandancia P. M. del Distrito de Dapitan.—Núm. 404.—Excmo. Señor:—Por el vapor correo del presente mes, que deberá llegar a esa sobre el día 26, remitiré a disposición de la Superior Autoridad de V. E. la persona de Pablo Mercado, a que se refieren las adjuntas diligencias, que aprovechando la mayor anticipación del «Baiz» tengo la honra de acompañar a V. E., vía Cebú.—Dios, [etc.]—Dapitan, 9 de Noviembre de 1893.—Excmo. Sr.—El Comandante P. M.,—Juan Sitges.—Excmo. Sr. Gobernador general de estas Islas. Manila,»

(Escribiente.)
[Dapitan, 14 Febro. 1894.]

Autógrafo N.° 1

Carta del general Blanco.

Autógrafo N.° 2

Carta de Taviel de Andrade.

Autógrafo N.° 3

Carta del padre Matías Gómez

1.ª pág.

Autógrafo N.º 3

Carta del P. Matías Gómez.

2.ª pág.

Apéndice "C"

Excmo. Sr. Ministro de Ultramar:

Los Superiores de las Corporaciones de Agustinos, Franciscanos, Recoletos, Dominicos y Jesuítas, establecidas en Filipinas, cumpliendo lo ofrecido en telegrama presentado al Excmo. Sr. Gobernador general Vice Real Patrono el día primero de los corrientes para que se transmitiera oficialmente a V. E., lo cual dicha Superior Autoridad ha efectuado, según se sirvió participarnos, tenemos el honor de elevar esta Exposición a S. M. el Rey D. Alfonso XIII (q. D. g.), y en su Real nombre a S. M. la Reina Regente D.a María Cristina, al Presidente y Vocales del Consejo de Ministros de la Corona, y muy especialmente a V. E., como Ministro de Ultramar, a quien directamente, según ley y costumbre, la dirigimos, para que a su vez se digne ponerla en conocimiento de las altas personalidades antes mencionadas, e incluso, si lo estima conveniente, de la Nación entera, debidamente congregada en las Cortes del Reino.

Y al redactar esta Exposición, unidos en un alma y un corazón como fieles hermanos, los Religiosos de las Corporaciones de antiguo existentes en el país, nos cabe la honra en primer término de cumplir respetuosamente el deber gratísimo de reiterar nuestra adhesión al Rey, a su Gobierno, a las autoridades todas de la Patria, a las cuales, por fuero de conciencia, que es el más fuerte vínculo del hombre, hemos tenido siempre a gloria mantenernos sumisos y obedientes, procurando incesantemente y en todos los terrenos, desde nuestra respectiva esfera de acción, cooperar con toda clase de esfuerzos al mantenimiento del orden público en Filipinas, a su legítimo y santo progreso, al desarrollo de sus intereses intelectuales y aún materiales, y de modo muy especial, a la propagación y conservación de las divinas enseñanzas del Catolicismo, al fomento de las buenas costumbres, y al afianzamiento de los prestigios morales, única fuerza que hasta ahora ha sido el gran lazo de unión de estas hermosas tierras con su cariñosa madre la Metrópoli.

Motivo de esta Exposición

Y en verdad, Excmo. Sr., que si las circunstancias en extremo difíciles por que atraviesa la dominación española en el archipiélago, y la acerba campaña (mejor dicho, conjura) de difamación y proyectos antimonásticos, provocada contra nosotros principalmente desde que estalló la insurrección, no nos obligaran a hablar, muy gustosos dejaríamos a los políticos ocuparse en los problemas que afectan a este país, y nos mantendríamos en el silencio que viene siendo nuestra norma de conducta ha ya muchos años, no hablando sino cuando oficialmente hemos sido preguntados, celosos con esa manera de retraimiento de evitar la nota que tantas veces, con sobrada ligereza o malicia, se nos ha imputado, de que nos inmiscuíamos en el gobierno temporal de estas Islas.

Hora es ya de que, como fieles patriotas y constantes mantenedores del señorío español en Filipinas, rompamos ese silencio, para que nunca, ni como religiosos, ni como súbditos de España, se pueda con motivo decir de nosotros la terrible acusación del Profeta canes muti non valentes latrare. Hora es ya también de que salgamos en defensa de nuestra honra, de muchos modos atrozmente mancillada, de nuestro santo y patriótico ministerio, en fin, que ha sido objeto de las más terribles calumnias y de las más incalificables acusaciones. Que si las personas privadas pueden alguna vez hacer generosa renuncia de su buen nombre difamado, ofreciendo a Dios el sacrificio de lo que más estima el hombre culto, eso jamás, y en ninguna forma, es lícito, conforme enseñan los santos doctores de la Iglesia, a las personas públicas, a los Prelados, a los Superiores, a las Corporaciones, que tienen necesidad de defender y conservar su prestigio, su crédito y fama, para cumplir dignamente sus respectivas funciones. Una Corporación Religiosa desacreditada y públicamente denostada, es en su línea una nación cuya bandera se insulta, o cuyos derechos se desconocen: morir debe luchando por su honor antes que consentir que se pisotee su buen nombre, y que sus derechos no sean reconocidos y acatados.

Desamparo de las Corporaciones religiosas y su paciencia y prudencia en estas circunstancias

Cierto que no podrá calificársenos de precipitados e imprudentes al dirigirnos hoy a las altas representaciones de la Patria. Hemos aguantado pacientemente que los masones y los filibusteros, francos o embozados, en periódicos, en clubs, en públicas reuniones, nos hayan estado injuriando y vilipendiando hace más de diez y ocho meses, atribuyéndonos la culpa de la insurrección, y deshonrando nuestras personas y ministerios con los más injustificados ataques, vaciados en su mayoría en el troquel de la demagogia y del libre pensamiento. Hemos soportado con mansedumbre cristiana que multitud de personas que han residido más o menos tiempo en las Islas hayan vuelto a la Península haciendo tan poco honor a nuestro hábito y profesión, que si en vez de ser religiosos hubiéramos sido seglares, y en vez de corporaciones eclesiásticas se hubiera tratado de corporaciones civiles o militares, se hubiesen abstenido (bien seguros podemos estar de ello, y pruebas hay elocuentes a diario de este aserto) de hablar mal de nosotros, porque los medios eficaces que ellos suelen poner en práctica les hubieran atado la lengua, y les habrían hecho reconocer su ligereza y su injusticia poniendo vigoroso correctivo a sus expansiones. Los Religiosos no tenemos espada: no podemos pronunciarnos; no lucimos entorchados; no pertenecemos a corporación cuyos individuos tomen parte en el Gobierno de la Patria, o en altas entidades de la misma; no somos ni militares, ni funcionarios de la carrera judicial o administrativa; ni mandamos fuerza a ningún partido político; ni intervenimos en elecciones; ni formamos (porque la conciencia nos lo veda) grandes federaciones que se hagan temer; ni excitamos al pueblo, sino para que obedezca y sea sumiso a todo poder constituído. No podemos en determinados casos repartir destinos, ofrecer ascensos y recompensas; ni tenemos a nuestro lado nutrido cortejo de amigos o aduladores, que por su personal conveniencia nos defiendan, y sean los ciegos paladines del general, del político, del alto dignatario, del opulento banquero. No mandamos tampoco en la prensa, ni tenemos núcleo de adictos partidarios que por nosotros metan bulla, y sobreexciten la llamada opinión pública. Carecemos, en una palabra, de todos cuantos medios sirven en la vida pública moderna para ser respetados y temidos, para influir en la nación, y hacer que se emboten contra nosotros todos los tiros de la maledicencia o la ignorancia.

Los Religiosos de Filipinas, alejados de Europa, solos en sus ministerios, esparcidos hasta por los últimos rincones del Archipiélago, sin otros compañeros y otros testigos de sus trabajos que sus amados sencillos feligreses, no tienen más defensa que su razón y su derecho, los cuales, si están basados en justicia y en ley, y tienen en su abono la protección de la divina Providencia, que misericordiosamente no nos ha faltado hasta ahora y esperamos que no nos faltará en adelante, no tienen sin embargo en su favor (ni jamás, aunque pudiéramos, los usaríamos) esos poderosísimos auxiliares modernos que tanta boga alcanzan y tanto éxito en sociedades en las que, resfriados los grandes sentimientos cristianos, la razón no se escucha fácilmente, si no va pertrechada con la fuerza de los cañones, o con el blindaje de la alta banca, de las grandes agrupaciones políticas, o de los temibles movimientos populares.

Solos, con nuestra razón y nuestro derecho, aunque con la conciencia satisfecha, de haber cumplido siempre, pero siempre, nuestros deberes, de haber sido tanto o más patriotas como el mejor, y de haber llenado las obligaciones de nuestro sagrado ministerio, hemos soportado en silencio y con toda paciencia, siguiendo el consejo del Apóstol, que se nos insultara y vilipendiara, incluso por personas a quienes habíamos ofrecido con cristiana sinceridad nuestro cariño y obsequios, incluso por personas que diciéndose muy católicas, pero que contagiadas, acaso, con el jansenismo práctico de algunos reformistas de ahora, olvidan la sentencia de aquel gran emperador cristiano que dijo, que si viera a un sacerdote caído en algún desliz, le cubriría con su capa antes que publicar su flaqueza.

Solos, con nuestra razón y nuestro derecho, y creídos de que al fin la razón se abriría camino, y que brillaría la luz tras de las espesas tinieblas acumuladas por el odio de secta, por el espíritu separatista, y por la ligereza, envidia y falso celo de algunos, hemos sufrido que en el Parlamento se hicieran el año pasado indicaciones poco honrosas a las Ordenes; que se afirmara, no solo en privado, sino en centros de mucha resonancia, y por personas de gran séquito en la política militante, que los prestigios religiosos de Filipinas estaban de tal manera quebrantados, que era preciso sustituírlos con la fuerza armada; que se propalara como una censura deshonrosa para un gran político, sacrificado por el anarquismo, el haber acudido a las Ordenes en busca de luz y consejo para los asuntos filipinos; que en una memoria elevada al Senado se nos dirigieran, así como a un dignísimo Prelado, graves acusaciones, aunque veladas con ciertas apariencias de imparcialidad y suave corrección; que un día y otro se clamara en diferentes tonos, y con mayor o menor crudeza, por que se reprodujera en las Islas el período histórico peninsular de 1834-40, y por que se adoptaran con nosotros medidas tan radicales, que no se toman, ¡y da vergüenza el consignarlo!, ni con los centros de pública inmoralidad, ni con las sociedades y empresas que no tienen otro fin que descatolizar a la nación y sembrar en ella los gérmenes de todos los trastornos sociales.

Por qué han guardado hasta aquí silencio

Creíamos y pensábamos que para personas discretas y buenas debería bastar nuestra cordura y largo silencio, adornado de los caracteres de prudencia y magnanimidad que deben tener siempre los Institutos religiosos, para que desde luego rechazaran esas acusaciones, y formasen juicio de que no hacían mella en nuestro crédito y prestigio esos repetidos ataques. Supusimos que esa campaña de diatribas y reproches se desvanecería por fin como nube de verano, formada con los humos de las fraguas de la masonería y el filibusterismo.

Pero la tormenta, en vez de disiparse, parece tomar incremento cada día. La paz de Biac-na-bató ha vuelto a poner en boca de muchos la astuta afirmación, hecha ahora por los cabecillas, de que los Institutos Regulares han sido la única causa de la insurrección. El carbonario Katipunan, que como terrible plaga sigue extendiéndose en las Islas, ha fijado por orden de su gran Oriente, entre los primeros artículos de su programa de odio de raza, la extinción de los Religiosos. En la Península, y aquí, los masones y cuantos de un modo ú otro los secundan, han recrudecido su guerra contra nosotros. En Madrid se han publicado manifiestos en los que abusando del nombre de Filipinas se piden medidas grandemente deshonrosas y vejatorias para el Clero; y hasta en el ministerio de Ultramar, siquier oficiosamente, han logrado introducirse personas que, perseguidas como infidentes por los Tribunales, no ocultan su animadversión a las Corporaciones Religiosas. Y si en vista de todas estas circunstancias continuáramos callados, nuestro silencio se tomaría con razón por cobardía o argumento de culpabilidad, nuestra paciencia se calificaría de debilidad, y hasta las personas sólidamente católicas y sensatas, que reconocen lo injustificado de los ataques que se nos dirigen, podrían con motivo discurrir que estábamos manchados, o que habíamos llegado a tal estado de postración que impunemente se nos podía atropellar y conculcar, como si en realidad de verdad fuéramos entidades viejas y podridas cuya decadencia es próximo síntoma de muerte.

Prius mori, quam fœdari, dijeron los antiguos; y los fidelísimos Macabeos: Más vale morir en el combate que ver el exterminio de nuestra nación y del santuario, Mientras las Corporaciones existan, tendrán a gala, como es su deber, repetir con San Pablo: Quamdiu sum Apostolus, ministerium meum honorificabo. Hemos procurado honrar siempre nuestro ministerio, y lo seguiremos honrando ahora y en lo sucesivo, con la gracia de Dios, que confiamos no nos ha de faltar; y por eso no vacilamos en dirigirnos hoy a los altos Poderes de la Nación, abrigando la confianza de que si somos pobres y desvalidos, y no tenemos otro amparo que nuestra limpia historia, nuestra honra inmaculada y nuestros indiscutibles derechos, hablamos a personas en quienes la ilustración y la sensatez se hermanan con la hidalguía de sentimientos, siempre pronta a atender principalmente al pobre y al débil, y en quienes el respeto y cariño a las instituciones católicas y al por tantos títulos glorioso y benemérito Clero Regular de Filipinas, las ponen a cubierto de las sugestiones de las sectas y de los prejuicios de los partidos anticlericales y separatistas.

Son perseguidas por su significación religiosa

¿Qué motivo han dado las Corporaciones Religiosas de Filipinas para ser con tanta saña perseguidas? ¡Ah! Excelentísimo Señor, ese motivo no es otro que el ser muy católicas, el ser muy españolas, el ser eficazmente sostenedoras de la buena y sana doctrina, y el no haberse jamás mostrado débiles con los enemigos de Dios y de la Patria. Si los Religiosos no defendiéramos aquí con fortaleza inquebrantable la obra secular que nos legaron nuestros padres; si nos hubiéramos encogido de hombros ante el trabajo de las logias y ante la propaganda de errores religioso-políticos que de Europa nos han venido; si hubiéramos dado la más insignificante muestra, ya que no de simpatía, por lo menos de muda pasividad, a los defensores de las falsas libertades modernas, condenadas por la Iglesia; si se hubiera entibiado en nosotros la llama del patriotismo, y en cada Religioso filipino no hubieran encontrado los novadores un intransigente y terrible adversario de sus planes, francos o embozados, jamás, Excmo. Sr., las Corporaciones Religiosas hubiéramos sido objeto de la encarnizada persecución que se nos hace: sino que, por el contrario, los Regulares hubiéramos sido puestos en las nubes, tanto más cuanto que no ignoran nuestros enemigos que, dada la influencia que gozamos en el archipiélago, nuestro apoyo, siquiera pasivo y de mero silencio, les hubiera dado indiscutiblemente la victoria.

Pero saben ellos que nuestra bandera no es otra que el Syllabus del gran Pontífice Pío IX, tantas veces confirmado por León XIII, donde tan enérgicamente se condena toda rebelión contra las potestades legítimas: saben que, amantes de la única verdadera libertad, la cristiana, antes moriríamos que consentir, en la parte que nos atañe, que se falte en lo más mínimo a la pureza de las infalibles enseñanzas católicas, a la santidad de las costumbres cristianas, y a la fidelidad integérrima debida a la Nación española; y por eso nos aborrecen; por eso, paliada con diferentes nombres y pretextos, nos hacen tan cruda guerra que no parece sino que en Filipinas no tienen otro enemigo los masones y los filibústeros que las Corporaciones Religiosas. Eso de tal manera nos honra, que muy bien podemos decir con el Príncipe de los Apóstoles: Si sois infamados con el nombre de Cristo, seréis bienaventurados; porgue la honra, la gloria y la virtud de Dios y su Espíritu mismo reposa sobre vosotros. (1 Pet. IV, 14:)

Y por su significación patriótica

Aparte su carácter esencialmente religioso, tienen los Regulares del Archipiélago otra significación que los hace odiosos a los separatistas: son la única institución española permanente y de arraigo en las Islas, con organización propia y vigorosa, perfectamente adaptada a estas regiones. Mientras los demás peninsulares están aquí cumpliendo su deber más o menos tiempo, según conviene a sus intereses particulares, sin otro vínculo que a Filipinas les ligue que su propia conveniencia, sin conocer el idioma del país, ni tener con los naturales más relaciones que las de un trato superficial, los Religiosos venimos aquí para aquí sacrificar toda nuestra existencia: formamos en el Archipiélago, como una red de soldados de la Religión y la Patria, esparcidos hasta por los más retirados pueblos de las Islas; aquí tenemos nuestra historia, nuestras glorias, la casa solariega, por decirlo así, de nuestra familia; y dando un adiós eterno al suelo natal, nos condenamos voluntariamente, en virtud de nuestros votos, a vivir perpetuamente consagrados a la educación moral, religiosa y política de estos naturales, por cuya defensa hemos librado en todo tiempo campanas, que, sin las crudezas y exageraciones piadosas de Las Casas, han reproducido constantemente en Filipinas la figura del inmortal defensor de los indígenas americanos.

Astucia de los cabecillas del filibusterismo

En este punto hay que confesar que son lógicos los cabecillas del filibusterismo. Los Regulares, se han dicho, que son los españoles de mayor arraigo e influencia en el país, y los más queridos y respetados del pueblo, ¿no transigen, jamás transigirán con nuestros proyectos?; pues pidamos su expulsión, y que de un modo ú otro desaparezcan; y si no lo conseguimos, destruyámoslos; y puesto que hay muchos peninsulares que, influídos por los errores modernos o llevados de ignorancia o mala pasión, dan oídos a los que gritan contra los Religiosos, gritemos mucho, formemos un haz poderoso contra ellos, conjurémonos en logias y clubs políticos, y pidamos a todo trance medidas depresivas y exterminadoras del Clero Regular; y esos peninsulares nos oirán sin miedo a que nos tengan por filibusteros. Se dirá de nosotros que somos liberales, que somos reformistas, que somos demócratas, que somos hasta masones y librepensadores, pero eso no importa. También lo son muchos peninsulares, también ellos gritan contra los Religiosos, también ellos piden la libertad de pensamiento, la libertad de imprenta, la libertad de asociación, la secularización de la enseñanza, la desamortización eclesiástica, la supresión de los privilegios del Clero: también ellos gritan contra la terrible teocracia, y no tienen reparo en difamar a los Religiosos y en achacarles todo género de inculpaciones.

Esa es, Excmo. Sr., la consigna que para sus fines separatistas, y principalmente desde la paz de Biac-na-bató, se han dado todos los filibusteros, y cuantos de un modo o de otro procuran la emancipación del país. Nada contra España, nada contra el Rey, nada contra el Ejército, nada contra la administración española: decid que si os habeis levantado en armas, ha sido exclusivamente por los abusos del Clero; que no intentábais separaros de la Metrópoli; que solo queríais las modernas libertades y la desaparición de las Ordenes. Y aún cuando todos los documentos, judiciales y extrajudiciales, en que constan los planes de los conspiradores, y los actos todos del cantón de Cavite durante su efímera emancipación, demuestran lo contrario, nos esforzaremos por decir que ese no era el pensamiento de los rebeldes, que eso era cosa de algunos exaltados o locos, pero que la gran masa de los sublevados solo se levantó en armas por anhelar esas libertades. La multitud de españoles seglares de toda clase y profesión sacrificados; los incontables indígenas, muertos o vejados de mil maneras por conservarse fieles a la Patria; los gritos de ¡mueran los castilas! y ¡vivan los tagalos!; los sellos de república tagala, república filipina, ejército libertador; las alocuciones y circulares de la asamblea o consejo supremo; la flamante constitución katipunesca en signos de misteriosa clave, y la redactada en Biac-na-bató; y por este estilo, infinidad de hechos y documentos, muchos de ellos recientísimos, que hasta la saciedad demuestran évidentemente el carácter antiespañol y separatista de la insurrección, todo eso lo taparemos ahora gritando ¡abajo los frailes! ¡vivan las libertades democráticas! ¡viva España!; y con esos gritos, seguros estamos de que nos atenderá, y de esa manera más fácilmente podremos llegar al logro final de nuestros deseos.

Esa es la lógica y táctica de los filibusteros; y hay que confesar que en eso muestran tener talento práctico, y conocer perfectamente la sociedad que los rodea. Si hubieran dicho que la insurrección había sido provocada por los excesos de los empleados, de los militares, de los gobernadores, de los administradores de hacienda; si hubieran puesto de relieve la multitud de abusos que en una ú otra forma (aunque jamás por la Nación, ni por la mayoría de sus hijos) se han cometido contra el indígena, y a eso hubieran atribuido el levantamiento en armas, tendrían ahora de frente a todo el elemento peninsular, y su voz no hubiese tenido el menor eco, ahogada por la más poderosa de otros que hubieran salido en defensa del nombre español y que les hubiesen cerrado la puerta a todos los medios de propaganda y agitación que ahora explotan. Pero declamando contra el Clero, y pidiendo las libertades que éste no puede aprobar, tenían por lo menos asegurada su campaña, y en parte quizás el éxito de la misma.

Sus verdaderos designios

¿No descubre esto, Excmo. Sr, que al hablar de los supuestos o enormísimamente exagerados abusos del Clero, no les mueve el amor a la justicia y a la moralidad, y mucho menos el amor a España? ¿Pues qué? ¿desconocen ellos que para un religioso que haya abusado, es un suponer, de su ministerio, ha habido en proporción muchos más seglares (y conste que a nadie acusamos, y menos a las dignas corporaciones oficiales) que han convertido su cargo, total o parcialmente, en medio de ilegal medro? ¿No han clamado otras veces, y cuando estaban en el período preparatorio de la insurrección, contra la benemérita guardia civil, contra jueces y alcaldes, contra el ejército, contra los peninsulares residentes en las Islas, contra la administración en general, e incluso contra las autoridades superiores del Archipiélago? ¿No consta así por los libros del desgraciado Rizal, por la Solidaridad y otros papeles y folletos de los laborantes, aunque precise no olvidar que siempre fue su consigna predilecta atacar crudamente a los Religiosos? ¡Indudablemente que sí; pero no les convenía ahora decirlo; ahora era llegada la ocasión de mostrarse muy españoles, muy amantes del Rey (ellos que se afilian en cuanto pueden en los partidos más radicales), muy afectos al Ejército, y de sólo atacar a los Religiosos!...

Acusaciones a las Ordenes

Dolosamente obran, diremos con el Salmista (Psal. 35): hablan de paz y de amor en lo exterior, pero la maldad y el odio se ocultan en sus corazones. Supervacue exprobraverunt animam meam. Vanísimamente nos injurian, añadiremos por lo que respecta a las acusaciones que se nos dirigen. «Testigos inicuos se han levantado, y me inculpan cosas que ignoro: me devuelven mal por bien, y han jurado mi destrucción; pero tú, Señor, destrozarás sus planes, y salvarás mi existencia». (Psal. 35.)

Testigos inicuos, sí, Excmo. Sr.: porque ¿dónde están esos abusos, esos excesos, esos vicios, esas tropelías, de que tanto se les llena la boca, dándoles materia para sus declamaciones de club demagógico y populachero?

¿Qué tienen las Corporaciones Religiosas, estudiadas con alto criterio sintético, que no sea conforme con los Cánones de la Iglesia y reglas de su Instituto, que no se ajuste al ministerio santo que profesan, que no sea grandemente beneficioso a los intereses supremos de la Patria? Por todas partes volvemos la vista, y por muy de lince que sean los ojos, si no se mira a las Ordenes a través del prisma farisaico o separatista, nada descubren que no merezca el más cumplido aplauso. Laudet te alienus, dice el libro santo da los Proverbios, et non os tuum. Pero aquí no se trata de alabarnos a nosotros mismos; se trata de vindicarnos, de defender nuestra honra, injustamente mancillada, de demostrar nuestra misión eminentemente española, y de sostener nuestro buen nombre, que es nuestro tesoro, que es el gran título de nobleza que jamás podemos abdicar, ni consentir sea vilipendiado. Con vuestras buenas obras tapad la boca a la ignorancia de los hombres necios e insensatos, nos dice San Pedro (1. Pet. II. 15). No andamos con artificio, ni alterando la palabra de Dios, sino que manifestando la verdad nos recomendamos a nosotros mismos para todos los hombres que nos juzguen con conciencia recta delante de Dios: esa es nuestra gloria, el testimonio de nuestra conciencia, nos enseña también San Pablo (2 Cor. II. IV.) De nuestro deshonor se sigue el deshonor de la santa y española misión que ejercemos; y Dios nos tiene dicho que seamos la sal de la tierra y la luz del mundo, y que de tal manera brillemos que vean los hombres nuestras buenas obras y glorifiquen a nuestro Padre que está en los cielos.

Cómo éstas han cumplido con sus deberes

A la vista de todos están esas buenas obras, que por la gracia de Dios, son el mejor timbre de las Corporaciones. No solo predicamos aquí el Evangelio, no solo trajimos a vida cristiana y civilizada a los bárbaros y fetiquistas habitantes de estas islas, no solo en unión con las demás entidades oficiales, logramos la incorporación del Archipiélago a la corona de España y le hemos conservado pacífico y feliz por espacio de tres siglos, como es notorio, sino que en todo tiempo, aún en estos, en que tanto se nos injuria por algunos ingratos filipinos a quienes compadecemos, hemos sido los constantes defensores de los indios, soportando por esa causa disgustos sin cuento y todo género de persecuciones por parte de muchos peninsulares, que no comprendían lo religioso y patriótico de nuestra conducta. En todo tiempo hemos velado por la pureza de la fe y por la conservación de las buenas costumbres; y en nosotros han tenido siempre un severo fiscal y el más inflexible censor las exacciones ilegales, los cohechos, las socaliñas, los atropellos, la holganza, el juego inmoral, la vida licenciosa o poco morigerada.

¿Puede decirse de los Institutos Religiosos, ya colectivamente, ya en la inmensísima mayoría de sus individuos, que hayan prevaricado, abandonando alguna vez los deberes de su cargo, en la administración de sacramentos, en la celebración del culto, en la predicación y catequesis cristianas, en la vigilancia de las buenas costumbres, en la tutela de los intereses morales, en la protección y socorro al menesteroso y al débil, en el consejo y consuelo a cuantos se acercan a nosotros, en el sostenimiento de la obediencia a la Metrópoli, en la propagación de la enseñanza, en la campaña contra toda superstición y práctica alucinadora, en la represión de amancebamientos y de otros desórdenes y escándalos públicos? ¿Cabe ni en la cabeza del más exaltado sectario, si tiene algún momento lúcido, el sostener que los Religiosos no hemos cumplido con asidua abnegación las obligaciones de nuestro ministerio?

Cansados estamos de leer, Excmo. Sr., cuanto desde hace años se ha escrito y propalado contra nosotros, y sabemos también cuanto ahora se dice en tertulias y corrillos; y con la mano puesta en el corazón, con la frente alta y levantada, como quien anda en la luz, y no teme que a la luz sean examinadas y discutidas sus obras, retamos y desafiamos a nuestros detractores y calumniadores, y a los que con ligereza o por otro móvil no recto y falto de ciencia, hablan y murmuran, a que con datos exactos, con noticias perfectamente comprobadas, nos demuestren, no ya la exactitud de todas sus inculpaciones, sino la mera probabilidad de cuanto alegan en contra de nuestra honra y bien cimentado crédito, tocante al cumplimiento de nuestros deberes, así religiosos como patrióticos.

Su proceder respecto a obvenciones parroquiales, a la enseñanza y trato con personas ilustradas

Se habla de que abusamos en la exacción de honorarios parroquiales. Consúltense las leyes de la Iglesia, tráiganse al examen las doctrinas de los moralistas y los principios del derecho natural y divino positivo; y con sujeción a esa única regla segura de criterio, dígasenos después si abusamos del pueblo en esa materia, y si nuestro proceder, dentro de lo justo, no es el que mas emplean los sacerdotes mas desintersados.

Se habla de que somos enemigos de la instrucción y de la propagación de las luces; pero si por instrucción y luces no se entienden las doctrinas condenadas por la Iglesia nuestra Madre, dígasenos si en las Islas hay algo de instrucción que no haya sido fundado, amparado, sostenido y fomentado por el Clero en todos los ramos de enseñanza, así primaria, como secundaria y superior.

Se dice que desdeñamos a los ilustrados del país y que los hacemos objeto de toda clase de persecuciones. Eso es tan raro y estupendo, que se ocurre pensar si nuestros enemigos escribirán en los espacios imaginarios. Multitud de jóvenes salen todos los años, terminado el bachillerato o concluída alguna carrera mayor, del Ateneo Municipal, de los Colegios de Manila y provincias, y de la Universidad; y con la amistad de la inmensa mayoría de ellos nos honramos, siendo para nosotros satisfacción no pequeña verlos prosperar y saber que corresponden a la cristiana y sólida enseñanza que han recibido. Del copioso número de estudiantes que pueblan nuestras aulas, y del no pequeño de graduados que están esparcidos por todas las Islas, sabido es que muy pocos han tomado parte en la rebelión, y que la inmensa mayoría se han mantenido fieles a España, cumpliendo el juramento que hicieron al recibir la investidura de sus carreras. Mas acontece aquí lo que en el viejo mundo con los aprendices del libre pensamiento: se llaman a sí propios modestamente ilustrados cuantos piensan que mostrándose despreciativos con los sacerdotes y religiosos dan señal de ciencia y de talento, siendo así que buena parte de los que de ese modo se expresan no han podido entre nosotros acabar una carrera, y son el deshecho de nuestras aulas.

Respecto a la santidad de su vida privada
Se declama en términos, que parecen inspirados en centros protestantes y anticlericales de baja estofa, contra los vicios e inmoralidad de los Regulares; pero en eso como en otras cosas, salvo lo que la más severa legislación y el más exquisito cuidado jamás pueden evitar aún en las colectividades más santamente organizadas, no ignoran cuantas personas nos tratan de cerca, que nada se nos puede echar en rostro.

Muy oportunas y eficaces son a este propósito las palabras del Padre San Agustín defendiendo a su instituto contra acusaciones parecidas a las que se dirigen a las Ordenes de Filipinas: «Decidme, hermanos, ¿por ventura mi congregación es mejor que el arca de Noé, en la cual, de tres hijos que tuvo, el uno fue malo? ¿Por ventura es mejor que la familia del patriarca Jacob, en la cual de doce hijos que tenía solo es alabado José? ¿Por ventura es mejor que la casa del patriarca Isaac, en la cual de dos hijos que le nacieron, uno fue escogido de Dios, y el otro reprobado? ¿Por ventura es mejor que la casa de Jesucristo nuestro Salvador, en la cual de doce apóstoles uno le fue traidor, y le vendió? ¿Por ventura es mejor que aquella compañía de los siete diáconos llenos del Espíritu Santo, escogidos por los Apóstoles para tener cargo de los pobres y viudas, entre los cuales uno, por nombre Nicolao, vino a ser heresiarca? ¿Por ventura es mejor que el mismo cielo, de donde tantos ángeles cayeron? ¿Será mejor que el paraíso terrenal, en el cual los dos primeros padres de todo el linaje humano, criados en justicia original y gracia, cayeron?»

¡Ahi las Corporaciones Religiosas de Filipinas, cuidando por la santidad y salvación de todos sus hijos, al ver que algunos de sus individuos falta a sus deberes, después de corregirle y de tomar, conforme a ley y religiosa prudencia, eficaces medidas para reparar, si lo hubo, el escándalo, e incluso, si es preciso, para extirpar y arrojar la rama podrida, exclaman lastimadas cual verdadera madre con el Apostol: Quis infirmatur et ego non infirmor? quis scandalizatur el ego non uror? ¿Quién está enfermo espiritualmente y yo no padezco con él? ¿quién sufre escándalo y yo no me abraso?... Eso es lo que deben decir cuantos saben las caídas del prójimo; eso dictan la caridad y la justicia; eso pide el respeto y consideración a los ministros de la Iglesia; y mientras que nuestros sistemáticos acusadores no demuestren que las Ordenes consienten y no reprimen los pecados, en gran parte humanamente inevitables (dadas las condiciones en que forzosamente viven los dedicados al ministerio), de los poquísimos Religiosos que tienen la flaqueza y desgracia de caer, no tienen derecho a deshonrarnos, y a clamar contra lo que nosotros somos los primeros en lamentar y en procurar corregir.

¿Lo demostrarán alguna vez? Bien tranquilos estamos de lo contrario; y eso que tienen a mano cuantos medios de inquisición y prueba puede desear el juez más interesado en una causa. A la vista de todos están nuestros conventos, nuestros ministerios, nuestras personas: solos, y rodeados de multitud de indígenas, están los párrocos y misioneros; cuanto decimos, hacemos y dejamos de hacer, lo ve, lo espía todo el pueblo: nuestras moradas son de cristal para toda clase de personas; nuestro faz de europeos y nuestro carácter de sacerdotes nos dan tal relieve en las misiones y feligresías, que sería candidez estólida tratar de ocultar nuestros pasos y acciones. Todo, por consiguiente, favorece a nuestros adversarios en el proceso a que les provocamos, y a que voluntariamente se somete cada Regular, desde que, fiel a su vocación y obedeciendo a sus superiores, se sacrifica a vivir entre estos naturales, sus muy queridas ovejas del rebaño de Cristo. Nuestro honor, nuestra fama en manos está de ellos: fácil les sería a nuestros adversarios confundir a los Institutos Religiosos, si la verdad presidiera sus acusaciones. Pero como esa verdad es la que no brilla en sus palabras, viene a verificarse en su conducta lo que dice el sagrado texto: «Hablaron contra mí con lengua engañosa y con lenguaje de odio me atacaron;» y respecto de nosotros lo que dice San Pedro: «Con modestia y temor teneis una conciencia recta para que sean confundidos todos cuantos calumnian vuestro recto proceder en Cristo.»

Otros cargos igualmente injustos

No haremos el parangón de nuestra conducta con la de los respetables y muy estimados sacerdotes indígenas del Clero secular, a los que miman la mayor parte de los separatistas filipinos, indudablemente porque no encaja en sus planes el combatirlos. No rebatiremos la desvergüenza de suponer que parte de nuestras fincas tienen un origen criminal, y que en nuestras haciendas rurales somos unos déspotas que de varios modos chupamos la sangre de los inquilinos, infamia tantas veces refutada con datos auténticos de evidencia abrumadora. No hablaremos de la inmensa impostura de achacarnos todos los fusilamientos, prisiones, torturas, procesos y confiscación de bienes de los complicados en el último levantamiento. Despreciamos la absurda fábula de que somos los dueños absolutos, no solo de las conciencias, sino de todo el Archipiélago, a la vez que, contradiciéndose palmariamente (como lo acostumbra a hacer el error), pregonan que está perdido nuestro prestigio e influencia en las islas. Hacemos caso omiso de atribuirnos todo cuanto de odioso y censurable, según ellos, en deportaciones y otra clase de castigos han hecho en el país los institutos armados, los gobernadores, los jueces y todos los organismos públicos, cual si los Religiosos manejáramos a nuestro antojo la máquina del gobierno y administración de este territorio, y desde el Gobernador general hasta el último agente de policía no fueran todos sino ciegos ejecutores de nuestros gustos. Prescindimos de esas y de otras especies, argumentos de brocha gorda, que todavía explotan algunos descarriados hijos de este país, y que desgraciadamente repiten algunos peninsulares para manifestar su odio o preocupación contra el Clero, y pasamos a hablar de la insurrección y de la necesidad imperiosa de que se remedie la dificilísima situación de las corporaciones Religiosas en el Archipiélago.

Causa fundamental de la insurrección, y quiénes son culpables de ella

De sobra puede conocer el Gobierno las causas que han producido la insurrección, y no seremos nosotros los que sobre eso pretendamos darle lecciones. Sabe que hace algunos años era hasta exótica y anacrónica toda idea separatista, toda tendencia rebelde en el país, que gozaba de la más envidiable paz, y sentía los respetos a la autoridad con la misma irreflexiva, si bien poderosa y santa, fuerza, con que es obedecida y acatada en todas partes la autoridad doméstica. Era entonces la sumisión a España y la subordinación a toda autoridad un elemento verdaderamente social, encarnado por los Religiosos en la masa de la población filipina, la cual ni soñaba, sí,

Excmo. Sr., ni soñaba con ideas de redención política, ni imaginaba que para mantenerse fiel a la Metrópoli fuera necesaria en el país ni una sola bayoneta. La fuerza pública de los cuadrilleros y de la guardia civil (ésta de fecha muy reciente) se creía necesaria para contener y reprimir rateros y tulisanes; y el escaso ejército que había entonces en el Archipiélago, se consideraba por todo el mundo que no tenía otro objeto que combatir a mindanaos y joloes, y estar prevenido para cualquier conflicto con las potencias vecinas. España podía estar segura aquí de su dominación, y vivir tan descuidada respecto a movimientos políticos como en la aldea más retirada de la Península. Se obedecía, se acataba toda autoridad por conciencia, por educación, por tradición, por hábito social, pasivamente y por rutina, si se quiere; pero con tal arraigo y firmeza, con tan indiscutible y universal rendimiento, que más bien que virtud individual, era virtud de la masa de la población entera, era homenaje espontáneo a Dios, que representado en los poderes de la Patria todos sentían y practicaban, no concibiendo ni aún la posibilidad de rebeldías y levantamientos. Así se lo habían enseñado los Religiosos, uniendo siempre los nombres de Dios y de su Iglesia con los nombres del Rey y de España; y así por deber de conciencia, lo amaba y cumplía todo el Archipiélago, sin que entonces pensase nadie en libertades políticas, ni en sacudir yugos que para nadie existían.

¿Es que entonces no había abusos? No, Excmo. Sr., muy bien pudiera ser que los hubiera en mayor escala que en la época inmediatamente anterior a los presentes sucesos. Pero, como este pueblo estaba educado en la doctrina de que jamás es lícito desobedecer a la autoridad, so pretexto de abusos, aún cuando algunos sean verdaderos; como este pueblo no había sido todavía imbuído en las nuevas enseñanzas modernas, condenadas cien veces por la Iglesia; como aquí nadie había hablado de los derechos populares, tan falsos muchos de ellos como enloquecedores, ni había llegado a Filipinas la propaganda contra los sacerdotes y religiosos, resultaba que, considerando esos abusos como una de tantas plagas de la humanidad (de las cuales no se libran las sociedades montadas según los principios del erróneo Derecho novísimo, antes por el contrario las sufren con mayor intensidad y más daño de los intereses fundamentales del orden social), los soportaban estos habitantes con paciencia; y para su remedio acudían a los justos medios que la Moral católica enseña en esos casos, con grandísima ventaja para los individuos y para las naciones.

Por consiguiente, cuantos de un modo ú otro han contribuído a traer al Archipiélago esas doctrinas revolucionarias, y esos gérmenes de perturbación social y política, sean peninsulares o insulares, de cualquier clase y condición, son los verdaderos autores, conscientes o inconscientes, de que en las Islas se haya grandemente debilitado la tradicional obediencia a la Metrópoli, en cuya pacífica, y por nadie, ni nada, turbada posesión, estaba hace treinta años todo el Archipiélago. Los introductores de esas doctrinas y tendencias son indiscutiblemente los reos de la insurrección, porque son los que han hecho que pudiera prepararse y con éxito desenvolverse, aún suponiendo que directa y deliberadamente no la hayan procurado.

Causas parciales, la masonería

Quien siembra vientos, recoge tempestades: quien pone los principios tiene que aceptar las consecuencias: quien propaga odios, no tiene que extrañarse que venga la guerra: quien enseña el camino del mal, no puede declararse irresponsable de los extravíos que su enseñanza origina.

¿Será necesario explanar esta sencilla consideración? No lo creemos; pero si quisiéramos desenvolverla, fácil nos sería añadir que la propaganda antirreligiosa, las ideas de errónea libertad y vedada independencia, excitadas y alentadas en algunos filipinos por políticos y escritores de Europa; la antipatía y oposición, claramente manifestada por algunos españoles, incluso gobernantes y empleados, contra las Corporaciones Religiosas; el establecimiento de la masonería y de otras sociedades secretas, hijas legítimas de aquella; la favorabilísima acogida que para sus planes hallaron los revolucionarios filipinos en muchos centros y periódicos de Madrid y otras partes; la falta de religión en gran número de peninsulares, la facilidad con que se han cambiado las antiguas leyes de Filipinas; la movilidad de los funcionarios públicos, que, dando margen a muchas irregularidades, ha contribuído grandemente a que el crédito del nombre español cada vez estuviese más en baja, y en parte, la postergación que respecto a destinos públicos, se ha observado alguna vez con los hijos del país, son los aspectos parciales, fases varias y factores confluentes (sin que tratemos de enumerarlos todos) de la causa fundamental y sintética que dejamos apuntada.

Entre todas estas fases y factores parciales de la desorganización social del Archipiélago, a nadie se le oculta que el principal ha sido la masonería. Masónica era la Asociación Hispano-Filipina de Madrid; masones eran en casi su totalidad quienes alentaban a los filipinos en su campaña contra el Clero y contra los peninsulares aquí residentes; masones eran los que autorizaron la instalación de logias en el Archipiélago; masones eran los que fundaron el katipunan, sociedad tan capitalmente masónica, que aún en el terriblemente sugestionador pacto de sangre no ha hecho sino remedar a los masones carbonarios.

Consecuencias prácticas de eso

Desaparecida en parte, y en parte muy quebrantada, la tradicional sumisión a la Patria que las Corporaciones Religiosas difundieron y arraigaron en el Archipiélago; desatendida, merced a la indicada propaganda, la voz del párroco por muchos indígenas, principalmente de Manila y provincias limítrofes, a quienes de ese modo se enseñó a darse aires de ilustrados e independientes; en gran manera amortiguado el prestigio del nombre español, y casi anulado en muchos pueblos el antiguo respeto con que se miraba en las Islas a todo peninsular, ¿qué de extrañar tiene que hayan surgido poderosos los instintos de raza, y que, considerando que tienen lengua, tierras y clima distintos, se hayan contado y hayan tratado de levantar un muro de separación entre españoles y malayos? ¿No es lógico que, habiéndoles hecho creer que el Religioso no es el padre y pastor de sus almas y su amigo y entusiasta defensor, sino un ruin explotador, y que el peninsular aquí no es más que un industrial constituído en mayor o menor autoridad y posición, ellos hayan pensado loca e ilícitamente que bien pueden desligarse de España y aspirar a gobernarse a sí mismos?

Triste situación del Archipiélago y presagios de su porvenir

No insistiremos, Excmo. Sr., en este orden de consideraciones, porque se nos desgarra el alma, porque se nos parte el corazón al considerar cuan fácilmente pudieron ahorrarse tantos ríos de sangre, tan grandes dispendios y tan extraordinarios conflictos, que quizá en plazo no largo den por resultado la desaparición de la inmortal bandera de Castilla; cuan fácilmente pudo evitarse la situación militar originada por la insurrección, situación que amenaza hacer de Filipinas otro Cuba; y con cuan poco trabajo podía al presente continuar el Archipiélago en la misma tranquila y pacíficamente progresiva situación que tenía hace años, si pudiendo como se pudo, y se quiso y no se pensó hacer, se hubiera cerrado la puerta a los perturbadores, si jamás se hubiese consentido en el país la masonería y se hubiera eficazmente cohibido en sus principios toda tendencia contraria a los prestigios morales, poderosísimo vínculo social, inmensamente superior a todos los ejércitos y a todas las instituciones políticas, que unía a estos países con su amada y respetada Metrópoli.

¿La tristísima situación actual tiene remedio?

Algo difícil, y aún expuesto es contestar a esa pregunta, porque si hace seis meses el katipunan estaba relegado a los montes de la Laguna y Bulacán con los cabecillas allí refugiados, o arrastraba una vida vergonzante en algunos pueblos que estaban en inteligencia con los insurrectos, hoy la plaga ha cundido; pues los indultados de Biac-na-bató, infringiendo la palabra dada al caballeroso y activo Marqués de Estella, obedientes a la consigna recibida, se han diseminado por las provincias centrales, y valiéndose de amenazas y de terribles castigos, que no tienen precedente en las páginas de la historia, ni aún de la novela, han conseguido atraer a sus filas a gran número de indios, incluso en pueblos que antes de la sumisión de Biac-na-bató, dieron elocuentes pruebas de fidelidad a la santa causa de la Patria española. También en Cápiz y en otros puntos de las Bisayas han conseguido establecerse: y bien de actualidad son los movimientos de Zambales, de Pangasinán, de Ilocos, de Cebú, y los katipunans descubiertos en Manila.

Nos asusta el pensar qué podrá ser de un momento a otro de este hermoso país, porque desconocemos hasta dónde podrá llegar el fanatismo sectario explotando la sugestibilidad de esta raza y su flaco cerebro con las hazañas que pregonan, por ellos llevadas a cabo, sobre el ejército, cuyo aumento en la proporción que se necesitaría para establecer una completa situación militar saben que es imposible; con la propalada exención de cédula y otros tributos; con la supuesta inmunidad de los amuletos, llamados anting-anting; con la ilusión de que ya no mandarán sino indios, y de que ellos serán alcaldes y generales; con el recuerdo de que a los rebelados de Cavite, Bulacán y otros puntos se les dió dinero y confianza; con las noticias que de Madrid y Hong-Kong les envían sus partidarios; con el ejemplo de bastantes peninsulares que no se percatan de mostrar su opinión contraria a los religiosos, para de esa manera lograr que éstos no sean escuchados de sus feligreses, y hasta se atrevan a poner las manos en ellos; y con otros mil medios, en fin, largos de enumerar, pero terriblemente subversivos, y de enérgica influencia enloquecedora en estos pueblos malayos.

Asusta también el pensar cuáles serán los secretos de la revolución, que el señor letrado, nombrado árbitro por el titulado gobierno de los insurrectos para arreglar con la Superior Autoridad de las Islas las condiciones de sumisión y entrega de armas, juró tener reservados, como consta en el documento justificativo de su apoderamiento. Esos secretos, que al parecer no son las reformas político-eclesiásticas que ahora en Madrid se pretenden, puesto que de ellas claramente se habla en dicho documento otorgado por Aguinaldo en nombre de la asamblea rebelde, ignoramos cuáles puedan ser; y el ánimo más valiente se espanta al imaginar, si podrá ser una organización más poderosa, más vasta, más general y ejecutiva de la revolución, algo así como el katipunan que ahora vemos rápidamente difundirse, y la cual, en un momento dado, llevará a efecto un levantamiento general, cuyos tristísimos resultados fácil es prever y dificilísimo evitar, si eficazmente, a tiempo, no se persigue y extirpa toda sociedad laborantista.

Remedio de esa situación

Prescindiendo por lo tanto de esos peligros, que cada día ennegrecen más el horizonte filipino, y suponiendo, cual deseamos, que la paz sea un hecho en todas las Islas, la situación del Archipiélago tiene remedio; y ese, claro es que consiste en alejar todas las causas que han producido tan honda perturbación, y con prudencia y justicia adoptar las medidas que, asegurando la paz, protejan y fomenten los legítimos intereses de estos habitantes.

La gran masa del país no está maleada: padece un acceso de alucinación y fanatismo, producido por las predicaciones y prácticas sectarias; pero no tiene el corazón y la cabeza pervertidos, y asistiéndole con cuidado, volverá a sus antiguos hábitos pacíficos y de sumisión. Las clases pudientes e ilustradas, sanas todavía, protestan de todos esos movimientos, y siendo leales y amigas nuestras, desean que cuanto antes se restablezca la normalidad, y contribuirán, juntamente con las instituciones metropolíticas, a la nobilísima empresa de restaurar el orden y la marcha pacífica y progresiva del Archipiélago.

Al Gobierno toca dirigir y encauzar esas fuerzas para lograr tan satisfactorio fin, restableciendo los resortes de gobierno, hoy casi desaparecidos o muy debilitados; dando prestigio a todos los elementos conservadores; y con una administración seria, ilustrada, activa, estable, moral, conocedora y amante del país, y ajena a todo doctrinarismo político, continuar y perfeccionar el régimen justo y cariñoso, católico y español, con que la Metrópoli logró ganarse las simpatías de estos habitantes y asentar sólidamente su señorío.

Materia es ésta extraña a los fines y carácter propio de esta Exposición, que no tiene otro objeto que defender la honra de los Institutos religiosos y manifestar la necesidad de apoyar y robustecer su ministerio, si han de proseguir su noble y patriótica misión en el Archipiélago. No queremos meternos a políticos, por más que tengamos tanto o más derecho que cualquier sociedad o individuo a hablar de estas cosas; pero sí debemos ser defensores de los derechos de la Iglesia y del Clero Regular: sí, tenemos obligación de velar por loa intereses españoles, que no están reñidos, sino perfectamente amalgamados con los religiosos.

Lo que necesitan y pretenden las Ordenes

Como religiosos, pues, y como españoles, nos dirigimos al Gobierno, y sin ambages ni rodeos (que no están los tiempos para perífrasis y eufemismos que disfracen la verdad) nos creemos en el caso de decirle que si los intereses de la dominación española en el Archipiélago han corrido, y corren, tan grave peligro de naufragio, es porque antes han sido, y son, profundamente combatidos los intereses de la Religión; y que si los revolucionarios han logrado dejarse oir de multitud de indígenas, es porque antes, y durante la ingrata rebelión, se les ha enseñado a menospreciar y basta perseguir a los Religiosos que les enseñaron una doctrina de paz y obediencia. Quien esto no vea, gran ceguedad padece, o es señal clara de estar contagiado del terrible mal que tan tristes consecuencias ha traído a Filipinas. Quien cierre los oídos a las lecciones de la Providencia, dolorosas, sí, pero saludables, y crea que es posible aquí restaurar el orden y establecer una marcha próspera y tranquila sin reforzar las influencias religiosas, no está lejos del campo separatista, o manifiesta que no sabe aprender en las grandes catástrofes sociales.

Y no basta a ese objeto reconocer la necesidad de la moral y de la religión: es preciso reconocerlas en toda su integridad y pureza, tal y como las intima nuestra santa Madre la Iglesia. No basta hablar al pueblo de las grandes doctrinas del Crucificado, y advertir que no se quiere atacar los legítimos intereses del Catolicismo, vaguedades que con tanta frecuencia encubren intenciones aviesas y farisaicas, para luego, so color de abusos, decirle, con palabras o con obras, que desoiga a los sacerdotes que le predican esas doctrinas, y le inculcan el respeto a esos intereses. Es necesario, si se trata eficazmente de asentar sobre bases firmes la paz del Archipiélago, que se apoye en todo y por todo la misión de las Corporaciones Religiosas, para que sea fructuosa en la medida que reclaman estos habitantes, tiernos todavía en la fe y en la civilización, robusteciendo en ellos la sólida convicción de que, por deber de conciencia, y no por consideraciones humanas, siempre inestables y movedizas, tienen la obligación de obedecer y acatar a España, su verdadera patria en el orden social y cívico.

Por eso los Regulares, que tenemos motivos sobrados para conocer en todo su alcance los males que afligen al Archipiélago, tan amado de nosotros, y que ha tiempo venimos experimentando que lejos de reforzarse la acción religiosa se la restringe y contraría de varias maneras, no vacilamos en decir con ruda franqueza al Gobierno, que si no se otorga a la Iglesia ese apoyo, cada día más necesario, la perturbación social del país cada día irá en aumento, y que de no ponerse remedio a ese mal, la permanencia aquí de los Religiosos se va haciendo moralmente imposible.

¿De qué sirve que nosotros nos esforcemos en cumplir nuestros deberes religioso-patrióticos, si esa labor se encargan otros de deshacerla al momento, si al mismo pueblo a quien enseñamos a ser dócil y sumiso se le está, por medios que tanto halagan a las malas pasiones, diciendo continuamente que no nos haga caso?

¿Bastaría por ventura predicar el respeto a la propiedad si a la vez no existieran leyes que la amparasen y fuerza pública que eficazmente reprimiera a los codiciadores de lo ajeno? ¿Tendría asegurados los efectos de su enseñanza un profesorado a cuyos discípulos al salir del aula se dijera por personas respetables o con medios enloquecedores que olvidaran o despreciaran las lecciones de sus maestros? Pues en igual caso nos encontramos nosotros en Filipinas.

No queremos, Excmo. Sr., honras ni dignidades temporales, a las que hemos renunciado eligiendo por nuestra profesión una vida escondida en Jesucristo; no somos de los que en cuanto hacen algo piensan inmediatamente, aún mereciéndolas, en recompensas y condecoraciones; no anhelamos, cual creen nuestros enemigos (quienes, por lo que a ellos quizá pasa, nos juzgan a nosotros), preponderar en el gobierno y administración civil de los pueblos, ni aun siquiera continuar con la pequeña intervención oficial que por ley y por tradición se nos atribuye en algunos negocios seculares. Si se quiere prescindir del párroco o del misionero en todos los asuntos administrativos, gubernativos y económicos, en que, sin pretenderlo nosotros nunca, pero nunca, la autoridad secular ha venido solicitando nuestra modesta cooperación, prescíndase en buen hora. Los que tal disposición adopten verán lo que sea más conveniente a los altos intereses de la Patria; y a ellos, no a nosotros, que siempre (aún soportando por esa intervención disgustos, censuras y persecuciones, y considerándola una verdadera carga) hemos sido dóciles auxiliares de la autoridad civil, se les pedirá la responsabilidad de las consecuencias que pudiera acarrear tan transcendental medida.

Hemos venido a las Islas para predicar y conservar la fe cristiana y apacentar a estos indígenas con el celestial pasto de los Sacramentos y las máximas del Evangelio; para probar que España, al incorporar este territorio a su corona, su principal intento fue cristianizarlas y civilizarlas. No hemos venido para ser alcaldes, gobernadores, jueces, militares, agricultores, industriales, comerciantes; aunque, dadas la concordia y estrecha unión que debe haber entre la Iglesia y el Estado y la circunstancia de constituir aquí nosotros la única institución social española, jamás nos hayamos negado a contribuir con nuestro esfuerzo de buenos patriotas y sumisos vasallos a cuanto, sin desdoro del carácter sacerdotal y religioso, se ha exigido de nosotros, y nosotros hemos podido hacer.

Lo que rechazan como instituciones católicas

Ponderan cuantos sobre Filipinas han escrito los beneficios que ha reportado el país, y muy principalmente la dominación española, de ese sistema en que el párroco y el misionero eran intermediarios, más o menos directos, entre los Poderes públicos y la masa de la población filipina. Eso no nos toca a nosotros demostrarlo, que bien lo manifiesta la historia de este Archipiélago, y lo está diciendo en elocuentes, si bien trágicas voces, la realidad con los deplorables resultados que está palpando España, y a los cuales ha conducido la insensata y suicida propaganda contra las Ordenes Religiosas. Lo que sí nos toca decir al presente es que, si como está obligada por compromiso solemne contraído ante los Sumos Pontífices y ante la Europa cristiana, no atiende la autoridad civil con diligentísimo esmero a sostener, fomentar y garantir en las islas la Religión y la Moral, conforme a las enseñanzas y preceptos de Nuestra Santa Madre la Iglesia; si no opone un fuerte muro a la avalancha de insultos, dicterios y sistemática oposición a los Religiosos de Filipinas, que va invadiendo la Península y el Archipiélago; si no persigue, con la firmeza de todo Gobierno previsor, a las asociaciones secretas, y no hace que, en público y privado, en todas las esferas del orden social, por lo que atañe al Estado y a sus agentes, seamos respetados y atendidos, como exige nuestro carácter de sacerdotes y de corporaciones religiosas, rechazando todo proyecto que de una ú otra forma tienda a desprestigiarnos y a rebajarnos, impidiendo el fruto de nuestros trabajos, no hay manera digna y decorosa, y lo decimos con profundísimo dolor, de que podamos continuar en las Islas.

No hemos de ser menos, Excmo. Sr., en nuestro orden que los militares, a quienes se honra y enaltece cual exige su profesión; menos que la clase de funcionarios de la administración, cuyos derechos y prerrogativas se defienden y garantizan por el Estado; menos que las compañías y empresas mercantiles e industriales, a las que se considera y ampara como elementos impulsores de la pública riqueza; menos que las asociaciones de abogados, médicos y otras profesiones científicas, artísticas o mecánicas, a las cuales en toda sociedad bien organizada se honra y respeta. Creemos, y esta creencia nada tiene de exagerada, que, como instituciones católicas, tenemos derecho a todos los honores, exenciones y privilegios que la Iglesia y el Estado cristiano, y las leyes conforme a las cuales se establecieron las Ordenes religiosas en Filipinas reconocen a las personas y corporaciones eclesiásticas, y particularmente a los Regulares, y que, como instituciones españolas, se nos debe considerar de igual modo que a las demás entidades que han nacido y viven bajo el amparo de la bandera de la Patria.

Como instituciones católicas, debemos con toda la energía de nuestra alma rechazar, por contrarias a los fueros imprescriptibles y supremos de la verdad y del bien y a los derechos primordiales de la Iglesia, la libertad de cultos y las demás funestas y falsas libertades de emisión del pensamiento, de imprenta y de asociación, que por algunos se pretende traer a este Archipiélago, y las cuales pugnan con los más rudimentarios deberes del Patronato que aquí ejerce España, según claramente se consigna en diferentes lugares de la Recopilación de Indias. De igual modo rechazamos, porque contraviene a los derechos de la Iglesia, la pretendida secularización de la enseñanza, conforme se nos enseña en las proposiciones 45, 47 y 48 del Syllabus, obligatorio para todos los católicos, y muy principalmente a los Príncipes y Gobiernos cristianos. Contraria a esos derechos, y completamente abusiva y tiránica, sería toda medida que el Poder secular tratara de adoptar con las Ordenes Religiosas del Archipiélago, ya entrometiéndose en su régimen y disciplina regular, ya secularizándolas, ya desamortizando sus bienes, o poniendo trabas a la libre disposición de los mismos, ya separando de su obediencia a sus súbditos, ya privándoles de los honores y preeminencias que, según los Cánones, las leyes de Indias y el Derecho público cristiano les corresponden, como se enseña en la proposición 53 del mencionado Syllabus. Contraria es a las santas prescripciones de la Iglesia toda ley que tienda a suprimir, amenguar o debilitar los sagrados fueros de la inmunidad eclesiástica, personal, real o local. Contraria es también a la Iglesia, y tiene sabor a las herejías de Wicleff y de Lutero, toda disposición que niegue al Clero el derecho a los estipendios y obvenciones que le son debidos por su sagrado ministerio, y trate de inmiscuirse en asuntos de aranceles parroquiales, materia privativa de la jurisdicción eclesiástica. Contrario al honor y santidad del estado religioso es suponerle incapaz de ejercer la cura de almas, y decir que regentando parroquias, vulneramos los Cánones, cuando precisamente conforme a ellos cristianizamos este país, y después lo hemos seguido administrando. Vejatorio al Clero Regular, y opuesto a los legítimos derechos adquiridos es que por la autoridad civil se intente despojar a las Corporaciones religiosas de los ministerios y misiones por ellos fundados y regentados al amparo de las leyes de Indias y disposiciones soberanas de la Sede Apostólica. Incompatible con el voto de obediencia que liga a todo Religioso es que a los individuos del Clero Regular que desempeñen cura de almas se los sujete plenamente a la autoridad del Diocesano, privando a su Prelado de las atribuciones que tiene sobre sus súbditos; y no puede consentirse que el Obispo, con merma o detrimento de los derechos del Superior regular, quite a su libre arbitrio los curas regulares, siendo así que los ministerios radican inmediatamente en la corporación, la cual designa quién de sus religiosos deba desempeñarlos.

La necesidad de mantener intacta la autoridad del Prelado regular sobre sus curas y misioneros

Nadie ignora que las Corporaciones Religiosas del Archipiélago son colectividades compuestas en su inmensísima mayoría de párrocos y de misioneros; y si esto es así, y debe ser, para que las Ordenes llenen el fin peculiar para que vinieron a Filipinas, ¿cómo se podría mantener la jurisdicción del prelado regular; si se lo mermasen las atribuciones que para el gobierno de sus súbditos, de cualquier clase que éstos sean, ha recibido de la Santa Sede, única autoridad inmediata a que están sujetos los Regulares? Por leyes pontificias, los religiosos destinados a las doctrinas y misiones se consideran, en todo y por todo, como viventes intra claustra, lo cual significa que sobre ellos tienen sus Superiores idénticos derechos y atribuciones que sobre cualquier súbdito rigurosamente conventual. Si así no fuera, se establecería en las Ordenes, con mayor o menor extensión, la vida individual; los vínculos colectivos desaparecerían; los Prelados Regulares vendrían a ser meras figuras decorativas; y las Corporaciones religiosas, perdiendo la disciplina interna, que tanto vigor y fuerza les da, quedarían convertidas en asociaciones de presbíteros, que si un día pronunciaron religiosos votos, no tienen después con sus superiores otros vínculos que el hábito y el nombre corporativo, y, si acaso, el tener la puerta franca para recogerse al convento de donde salieron, cuando ellos lo deseen, o cuando el Obispo lo ordene.

La acción del Prelado Regular sobre los curas y misioneros de su Orden tiene que ser tan activa, inmediata, enérgica y universal, que pueda cambiarlos, removerlos, trasladarlos, darles otra ocupación y destino, y resultar en todo sobre ellos tan ejecutiva su autoridad como si se tratara del último de los religiosos conventuales. Eso pide la disciplina regular, y eso exige el voto de obediencia; y cuanto sobre el particular se intente que venga a restringir o debilitar la jurisdicción de la Orden, equivale a burlar la intención de los religiosos, quienes no profesamos para ser súbditos del Obispo, sino para ocuparnos en los destinos de la Religión que nos señalen nuestros Prelados; equivale a desnaturalizar las Corporaciones Religiosas, y por lo tanto, a destruirlas, que es lo que pretenden los separatistas.

No será así, estamos seguros de ello, porque en el momento que se dictara una ley separando a los párrocos y misioneros de la subordinación a su prelado, o mermando y restringiendo las facultades de éste, ningún religioso, por deber de conciencia, se atrevería a continuar al frente de su parroquia o misión, y todos se retirarían a sus conventos de Manila. No será así, porque los mismos señores Diocesanos se opondrían enérgicamente a ello, confesando, como confiesan, que precisamente por ser regulares la inmensa mayoría de su Clero parroquial, éste vive con tal moralidad y tan asidua aplicación a su ministerio, que con dificultad lo encontrarían en presbíteros seculares, o en Regulares no sujetos plenamente a su

Orden, estando por consiguiente interesados ellos, por amor a sus ovejas, en que los ministerios parroquiales del Archipiélago continúen regidos por las mismas leyes que hasta el presente. Y no será así tampoco, porque la Santa Sede, guardiana celosa de los intereses de la cristiandad en estas islas, no menos que del prestigio de los Regulares, tampoco lo consentirá; y en último trance pondría al Gobierno en el dilema de que, o se le propusiera un personal apto y suficiente que, de modo estable y dignamente, pudiera reemplazar a las Corporaciones Religiosas de Filipinas, o que, de lo contrario, continuaran éstas desempeñando sus actuales ministerios, sin la menor merma de la jurisdicción de sus respectivos Prelados Regulares.

Obligación de España a enviar a estas Islas ministros de la Religión católica y a garantirla sólidamente

Y no será así, finalmente, porque el Gobierno de la Patria jamás puede olvidar (respecto a este punto y a los demás que interesamos en la presente Exposición) el testamento de Isabel la Católica, ley fundamental y capital en estos dominios, por la cual está obligado a enviar aquí prelados y religiosos, y otras personas doctas y temerosas de Dios, para instruir sus vecinos en la fe católica y los doctrinar y enseñar buenas costumbres; porque ninguna cosa debe desear más que la publicación y ampliación de la ley evangélica y la conversión y conservación de los indios en la santa fe católica. «Y porque a esto, como al principal intento que tenemos, enderezamos nuestros pensamientos y cuidado, mandamos y cuanto podemos encargamos a los de nuestro Consejo de Indias que, pospuesto todo otro respeto de aprovechamiento e interés nuestro, tengan por principal cuidado las cosas de la conversión y doctrina, y sobre todo se desvelen y ocupen con todas sus fuerzas y entendimiento en proveer y poner ministros suficientes para ello, y todos los otros medios necesarios para que los indios y naturales se conviertan y conserven en el conocimiento de Dios nuestro Señor, honra y alabanza de su santo Nombre, de forma que, cumpliendo Nos con esta parte que tanto nos obliga y a que tanto deseamos satisfacer, los del dicho Consejo descarguen sus conciencias, pues con ellos descargamos la nuestra.» (Ley 1a, Título X, lib. 6.º, y ley 8a, Tít. II, lib. 2.º, de la Recop. de Indias.)

Al Consejo de Indias ha sustituído el Consejo de Ministros con el Ministerio de Ultramar, de cuya religiosidad y celo por cumplir los deberes fundamentales de su cometido no nos es permitido abrigar la menor duda.

Muy expresiva es también al propósito que nos ocupa la ley 65 del Tit. XIV, lib. 1.º de la misma Recopilación: «Mandamos a los virreyes, presidentes, oidores, gobernadores, y otras justicias de las Indias, que a los Religiosos de las órdenes que residen en aquellas provincias y se ocupan en la conversión y doctrina de los naturales, con entera satisfacción nuestra, de que Dios ha sido y es servido, y los naturales muy aprovechados, les den todo el favor para ello necesario, honren mucho y animen a que prosigan, y hagan lo mismo y más, si fuere posible, como de sus personas y bondad esperamos.»

Palabras de la instrucción a Legazpi: de la Ley de Partidas: de Felipe II

Así se mandó multitud de veces a las autoridades de estas Islas, y en armonía con esa legislación, en las instrucciones al gran Legazpi se dice expresamente:

«Terneis especial cuidado que en todos los negocios que tratáredes con los naturales de aquellas partes se hallen con vos presentes algunos de los Religiosos, así para que os aprovechéis de su buen consejo, como para que los naturales conozcan y entiendan el mucho caso que hacéis de ellos, por que viendo esto y la mucha reverencia que los soldados les tienen, vernán ellos también a tenerles respeto, que importará mucho para que, cuando los Religiosos les den a entender las cosas de nuestra santa fe católica, les den todo crédito, pues sabéis que lo más principal que Su Magestad pretende es la salvación de las ánimas de aquellos infieles; para el cual efecto, en cualquier parte, ternéis particular cuidado de ayudar a los dichos Religiosos.... para que aprendida la lengua trabajen de traherlos al conoscimiento de nuestra santa fe católica, y los conviertan a ella y los traigan a la obediencia y amistad de Su Magestad.» (Colec. de Doc. Ined. de Ultramar, tom. núm. 2, pág. 188.)

Ese es el espíritu genuinamente español, gloria de la humana estirpe, y especialmente de la cristiandad, que hizo escribir a nuestros legisladores en las Partidas: (Part. I, tit. VI., ley 62 y tit. XI): «Honrar e guardar deben mucho los legos e los clérigos, cada uno según su órden e de la dignidad que tiene; lo uno porque son medianeros entre Dios e ellos: lo otro porque honrándolos, honran a la Santa Iglesia, cuyos servidores son, e honran la fe de Nuestro Señor Jesucristo, que es cabeza de ellos, porque son llamados cristianos; e esta honra e esta guarda debe ser fecha en tres maneras, en dicho, en fecho, e en consejo.» «Privilegios e grandes franquezas han las Iglesias de los emperadores e de los reyes, e de los otros señores de las tierras; e esto fue muy con razón, porque las cosas de Dios hubiesen mayor honra que las de los hombres.»

Ese es el espíritu que exclamó por boca de Felipe II, contestando a los que le proponían el abandono de estas Islas, en atención a los pocos recursos que de ellas sacaba el Erario: «Por sola la conversión de un alma de las que allí hay, daría yo todos los tesoros de las Indias, y cuando no bastaran, daría todo cuanto España me rinde de bonísima gana, y por ningún acontecimiento he de desamparar ni dejar de enviar predicadores y ministros que den luz del Santo Evangelio a todas y cuantas provincias se vayan descubriendo por muy pobres que sean y muy incultas y estériles, porque a Nos y a nuestros herederos la Nuestra Sede Apostólica ha dado el oficio que tuvieron los Apóstoles de publicar y predicar el Evangelio, el cual se ha de dilatar allí y en infinitos reinos, quitándoles el imperio a los demonios y dando a conocer el verdadero Dios, sin esperanza alguna de bienes temporales.»

Deberes del Gobierno y de otros respecto a los intereses religiosos en las Islas

Por esa razón los delitos que más deben perseguirse en Filipinas, y en los que debe mostrar el Gobierno especialísimo celo, son los delitos contra Religión y personas eclesiásticas, por ser los que vulneran el mayor bien social, y más directamente contrarían a la fundamental obligación que España contrajo al incorporar estas Islas a su Corona. De ahí que no deba permitirse, sino castigarse severamente, la masonería, sociedad anticatólica y antinacional; que deba proscribirse toda propaganda contra los dogmas, preceptos e instituciones de nuestra Santa Madre la Iglesia; que deban castigarse con mayor rigor que cuando se cometen contra otra clase de personas los desafueros contra los clérigos y religiosos, dándoles el carácter que positivamente tienen de sacrilegios; que desde el Gobernador General hasta el último dependiente del Estado todos deban esforzarse por demostrar con su palabra y con su ejemplo, en público y en privado, y sin esas exterioridades convencionales de pura forma social (catolicismo que viene a ser algo así como de mero cumplimiento y cortesía, y que por desgracia tanto abunda), que aman y respetan la Religión Católica, y que estiman en más, cual procede, los deberes para con Dios y para con su Iglesia santa, que cualquier otro deber y obligación, por alta y respetable que sea la institución que lo imponga.

De ahí que el Gobierno de la Nación y las altas autoridades hayan de ser las primeras que deban desechar, no solo en sus actos oficiales, sino en los privados, y como políticos, como escritores, como empleados, como militares, en los diferentes órdenes de la vida social, la idea ridícula y despreciativa que el libre pensamiento ha esparcido contra los sacerdotes y religiosos, permitiéndose hablar de ellos en tono que tan poco honor hace al Clero, y que sabido por los elementos de otras clases sociales inferiores, viene a hacer que cada día se debilite más el respeto al sacerdocio católico, juzgando muchos que la religión de las personas oficiales no es con frecuencia más que una hipocresía social y una práctica de mera conveniencia política. De ahí que el Gobierno deba cuidar con gran diligencia que todo el personal suyo en el Archipiélago tenga arraigadas creencias católicas, para que no se vuelva a dar el triste espectáculo que tantas veces, y con harta profusión hemos presenciado, de que los primeros en contrariar la labor apostólica de las Corporaciones Religiosas son los mismos que por ser funcionarios de un Estado católico debían ser los que más la apoyaran y corroboraran. De ahí que deba impedirse a todo trance que tenga representación o sucursales en estas Islas toda asociación, junta o empreas, que, bajo cualquier nombre o pretexto, incluso el ejercicio de derechos políticos, tienda a sembrar aquí ideas antirreligiosas o anticlericales, y que proceda restaurar, o, mejor dicho, robustecer la previa censura para toda clase de libros, impresos y grabados que vengan del exterior y para los que aquí han de ver la luz pública. De ahí que sea cada vez más necesaria la estrecha unión de todos los elementos peninsulares aquí residentes, para que juntos todos al amparo de nuestra divina Religión, de todos acatada y obedecida, podamos resistir con mayor pujanza a los enemigos de la Patria, no demos motivo con nuestras discordias a reforzar el campo rebelde, y en lo posible consigamos levantar los prestigios morales, hoy desgraciadamente bastante decaídos. De ahí tambien la necesidad grande de que en las esferas gubernativas desaparezca una errónea idea, funestísima y grandemente deshonrosa a las Ordenes, que, propagada por espíritus sectarios o por malos o tibios católicos, parece ser ya como postulado de muchos políticos de Madrid y de gran parte de los peninsulares que arriban a este Archipiélago.

Concepto denigrante sobre la importancia de las Ordenes y manera con que suelen ser miradas

Nos referimos al concepto empezado a difundirse desde la revolución del 68, que considera a los Religiosos de Filipinas como un mal necesario, como una institución arcaica con la cual hay que transigir por razones de Estado, como un resorte meramente político y de conveniencia para la Nación, la cual no puede sustituirle con otros. Ese concepto denigrante, manifestado unas veces con franqueza, otras con reticencias o medias palabras, que hieren más que un cuchillo, conócenlo nuestros declarados enemigos; conócenlo los naturales del país que han estado en la Península; conócenlo, porque se ha propagado en periódicos y otros impresos que han penetrado en el Archipiélago, gran número de indígenas que sin haber salido de Filipinas reciben de eso notable escándalo; y contribuyen a que cunda y se propague por las Islas, cuantos peninsulares nos hacen guerra, ya por preocupaciones antirreligiosas, ya por compromisos de secta, ya por resentimientos personales, ya por ligereza, ya por envidia, pues de todas esas clases tenemos enemigos.

De ese concepto se deriva que en opinión de muchos arrastremos en el país una existencia de conmiseración y de mera condescendencia; que vivamos aquí, más bien que honrados y considerados como cualquiera otra institución metropolítica, tolerados y como de limosna; que en muchos casos parezca que los religiosos somos y valemos menos que los militares, los empleados y los de otras profesiones y carreras; y que con facilidad pasmosa, como a los más desamparados y desvalidos, se nos achaque la culpa de todos los males que afligen al país, sirviendo nuestro nombre de obligado recurso, para escurrir el hombro y eludir responsabilidades, a gobernadores y otros representantes del gobierno y administración de las Islas, cuando les ocurre algún fracaso o tienen que lamentar en su gestión algún suceso desagradable. Para todos hay indulgencia, para todos excusa, para todos benignidad y ojos de cariño; la época es de transigencias y respetos para toda clase de expansiones, aún con menoscabo de la moral y la justicia: solo lo que a los sacerdotes y religiosos pertenece debe mirarse con desdeñosa altivez, con extremado rigor y despótica exigencia. Todo lo ha de pagar el Religioso: de todo se le ha de echar la culpa: para él han de ser los disgustos, las desazones, las censuras, los desprecios. No parece, Excmo. Sr., sino que somos el anima vilis del Archipiélago.

Esta posición humillante que, como individuos obligados a mayor perfección que la generalidad de los cristianos, soportamos pacientemente, recordando las palabras del Apóstol tamquam purgamenta hujus mundi facti sumus omnium peripsema usque adhuc, y de la que no hablaríamos si el mal se circunscribiera a una de tantas molestias anejas a nuestro ministerio, claro es que no podemos en modo alguno consentirla como clase sacerdotal y religiosa y como corporación española; tanto más cuanto vemos desgraciadamente que ese injurioso y erróneo concepto perjudica grandemente a nuestro ministerio, y hace que cada día vaya siendo menor nuestra influencia en el pueblo que nos está encomendado, combatido, como se halla, viva y tenazmente por todos los agentes perturbadores que han traído la insurrección.

Respeto que merecen como religiosos y como españoles

Las Corporaciones Religiosas deben ser grandemente honradas y distinguidas (y nos apena mucho, Excmo. Sr., tener que hablar de estas cosas): primero, porque sus individuos están adornados del carácter sacerdotal que entre cristianos es la mayor honra y dignidad que pueden tener los hombres; segundo, porque su misión apostólica ha propagado aquí y conserva las luces del Catolicismo. Son sacerdotes, y son religiosos; y así reunen los dos timbres que mayor veneración inspiran en una sociedad, que sienta algunas necesidades superiores a las materiales o a las de su altiva razón, divorciada de Jesucristo.

No menos respeto merecen en su línea, como entidades españolas. Además de ser aquí ministros del culto oficial, son personas públicas eclesiásticas, reconocidas por el Estado; viven bajo su salvaguardia, como las entidades militares y civiles; han trabajado y trabajan, tanto por lo menos por la Patria, como cualquier clase española de las existentes en el Archipiélago; y en punto a ilustración, dentro de su respectiva carrera, y en moralidad y virtudes privadas y cívicas, rayan, no sólo colectiva, sino individualmente, a tanta altura como la clase del Archipiélago que se tenga por más alta y prestigiosa.

Hay una razón especialísima y de extraordinaria importancia para que ese respeto lo sancionen las leyes y lo afiancen las costumbres, y es que el Religioso en sus respectivos ministerios viene a ser por regla general el único peninsular y por lo tanto, el único representante de la Metrópoli en la mayoría de los pueblos filipinos; y por consiguiente, el prestigio español está grandemente interesado en que se le rodee de tales consideraciones y garantías, que estos habitantes, lejos de ver, como, por desdicha, han visto no pocas veces, que se le desprecia y rebaja, se confirmen cada día más en la idea tradicional de que su cura o misionero es, a la par que el ministro de Dios, el representante de España, alto concepto que tanto ha redundado y redunda en favor de la Metrópoli, y tanto dice en honor de todas las entidades españolas.

Por amor a la Religión y a España venimos al Archipiélago, y hemos permanecido en él más de tres siglos, dispuestos a continuar aquí, mientras la conciencia no nos dicte lo contrario. No nos mueven groseras miras temporales, ni sentimientos de orgullo y de mera dignidad personal; en el cumplimiento de nuestros deberes, hemos procurado llegar hasta el sacrificio, y nos seguiremos sacrificando, con la gracia de Dios. Buena prueba de esto ofrece al crítico imparcial la presente época de rebeliones y levantamientos. Los curas y misioneros, a pesar de estar persuadidos que corrían sus vidas gran peligro por las continuas asechanzas del feroz Katipunan, se han mantenido firmes en sus puestos, previendo que si abandonaban a sus feligreses era casi segura una sublevación general en las Islas. Este proceder, que si no es heroico, se le acerca bastante, nos ha costado muchas víctimas, arrebatándonos a queridísimos hermanos nuestros, asesinados unos traidoramente e inmolados otros por turbas inconscientes, seducidas por filibusteros y masones. Y aunque este doloroso sacrificio, al parecer no ha sido llorado y apreciado cual quizá debía serlo, por los leales hijos de España, confiamos que Dios misericordioso y largo remunerador de toda obra buena, en su infinita piedad, lo habrá recibido como propiciación por los males de este desdichado país, y habrá, premiado a los mártires de la Religión y de la Patria.

Carácter y fines de esta Exposición

Perdone la Nación, perdone el Gobierno, perdone V. E., esta ligera expansión de nuestros sentimientos de dignidad, ofendida como religiosos y como españoles. No es esto un memorial de méritos y servicios, pues jamás hemos solicitado aplausos ni recompensas, que nunca constituyen el móvil de nuestros trabajos. No es tampoco un panegírico; que no somos nosotros los llamados a hacerlo, ni creemos haga falta, cuando tan patente y tan limpia se destaca la historia de las Corporaciones Religiosas de Filipinas, en todos los órdenes del justo y recto progreso. Tiene algo de apologético, y mucho de sentidísima queja por los injustificados agravios que casi a diario se nos infieren; es débil expresión de la profunda amargura que nos embarga al contemplar y sentir de cerca el estado de inmensa perturbación en que se encuentra este hermoso pedazo de la Patria; y con el mayor respeto y sumisión, prescindiendo en absoluto, cual procede, de partidos políticos, y mucho más de las personas, dice con cristiana sencillez, y en síntesis, al Gobierno, que adopte y sostenga con las Corporaciones Religiosas de Filipinas un criterio perfectamente lógico; y que, por lo tanto, si estima, cual es justo y decoroso, que las Corporaciones Religiosas ejercemos una altísima y necesaria misión en el Archipiélago, de suyo y sin miras utilitarias y falsas razones de Estado, honrosa y acreedora a la mayor consideración, lo manifieste así claramente y con nobleza, empezando por dar ejemplo práctico de eso en sus leyes y decretos, y en sus instrucciones a las autoridades de estas Islas, no consintiendo que por nadie seamos vejados ni atropellados, tanto más cuanto que siendo débiles y desvalidos, y ligados como estamos por la mansedumbre y la paciencia religiosa, no tenemos otro medio de defensa que nuestro derecho y la protección de los buenos, y nunca podemos apelar a los medios de represión e influencia a que aludimos en el principio de esta Exposición.

Mas si, por el contrario, el Gobierno, por un error que respetaríamos, no sin calificarlo, a nuestro humilde juicio, de funestísimo a los intereses de la Religión y de la Patria, creyera que han terminado ya aquí su tradicional misión los Religiosos, tenga también la franqueza de decirlo: serenos oiríamos su resolución; pero no piense en adoptar disposiciones que atacando, aunque sin pretenderlo, los fueros de la Iglesia, nuestra profesión de sacerdotes y de regulares, y nuestra honra de acrisolados españoles, en la práctica pudieran aparecer que se trataba de encender una vela a Cristo y otra a Belial, que se quería dar gusto a los masones y a los católicos, a los buenos patriotas y a los separatistas, colocando a las Ordenes en situación tan poco airosa que vinieran a ser como el bocado que se echaba a las fauces de la fiera para acallar pasajeramente sus rugidos.

Síntesis de la misma

Tal acontecería si en ley se tradujeran la secularización de los ministerios regulares; la secularización de la enseñanza; la desamortización de los bienes de las Corporaciones, o la supresión de la libertad que les compete para disfrutar y disponer de ellos: la declaración de la tolerancia de cultos; el establecimiento del matrimonio civil; la permisión de toda clase de asociaciones, y la libertad de la prensa. Tal acontecería, por lo que más directamente nos atañe, si continuando aquí y allá, la, a todas luces injustificada, campaña contra nosotros, el Gobierno en sus actos demostrara que realmente conceptúa que nosotros hemos sido causa de la insurrección, y que nos oponemos al progreso de estas Islas y al desenvolvimiento de sus legítimas aspiraciones. Tal acontecería, si no persiguiendo con tesón las asociaciones secretas, y no poniendo eficaz correctivo a los sediciosos que soliviantan las masas inconscientes del pueblo contra los Regulares y contra todo lo más santo y más español de las Islas, se quisiera que los Religiosos continuaran en sus ministerios, expuestos en todo momento a ser sacrificados, cual es terrible consigna de la secta, y cual por desgracia ya ha ocurrido, sin tener, acaso, ni aún el consuelo de que sean apreciados esos sacrificios.

Si los Religiosos hemos de continuar en las Islas siendo útiles a la Religión y a España, a nadie puede caber duda, que ha de ser garantizando sólidamente nuestras personas, nuestro prestigio, nuestro ministerio; ha de ser sabiendo que la Patria nos aprecia y trata cual a hijos suyos; y que no nos abandona como objeto de ludibrio a nuestros enemigos, y como víctimas a los rencores del masonismo y del separatismo. No nos arredra el martirio, sino que nos honra, aunque no nos tengamos por dignos de tan santo honor; pero no queremos morir como unos criminales, envueltos entre las censuras de los amigos y de los enemigos, y quizá abandonados y desprestigiados por quienes más debieran ampararnos y estimarnos.

Esa es la tristísima y desairada situación en que se encuentran las Ordenes, principalmente desde que estalló la insurrección tagala, y sobre todo desde que se ha extendido el katipunan, situación que amenaza empeorar, si el Gobierno se hace eco de los filibusteros, de los masones y de los elementos radicales, que parece se han conjurado para dar el golpe de gracia al gran edificio religioso social que en estas Islas levantó la España católica.

Por eso nadie extrañará que los Religiosos, colocados en tan difícil trance, deseosos de no poner estorbos a la política de ningún Gobierno, y de evitarnos la censura de que somos la causa de los males del país y la rémora de su progreso, optemos por el abandono de nuestros ministerios, por el destierro, por la expatriación, antes que proseguir en las Islas en una situación que, prolongada por más tiempo, resulta grandemente deshonrosa para nuestra clase, y haría infructuosa nuestra permanencia en el Archipiélago.

Hemos cumplido aquí como buenos; tal es nuestra firme convicción: iríamos a otra parte, donde, con la gracia de Dios, también sabríamos cumplir; y a ese efecto, la Santa Sede, si, contra todo lo que debemos suponer, no consiguiera hacerse oír de la nación española, no nos negaría el oportuno permiso.

Afortunadamente, confiamos en los nobles sentimientos y arraigado catolicismo de S. M. la Reina Regente; confiamos en la religión y patriotismo de los Ministros de la Corona; confiamos en la opinión sensata que constituye la mayoría del pueblo español; confiamos en la ilustración y espíritu de justicia del católico Ministro de Ultramar, y confiamos que, después de escuchar a los dignísimos Prelados de estas islas, y de tener en cuenta las prescripciones del Derecho natural y canónico, las altas conveniencias de la Patria en estas regiones, y los innegables servicios que han prestado las Ordenes religiosas en Filipinas, nada se determinará que contravenga a las enseñanzas y preceptos de nuestra Santa Madre la Iglesia, y que contraríe al prestigio del Clero Regular; antes por el contrario una vez más se afirmarán y robustecerán las instituciones católicas de este Archipiélago, cual lo imponen de consuno la Religión y la Patria.

En esta confianza, y reiterando al Trono y a las Instituciones nuestra tradicional adhesión, quedamos rogando a Dios por la prosperidad y nuevos adelantos de la Monarquía, por la salud de S. M. el Rey y de S. M. la Reina Regente (q. D. g.) y por el acierto en sus determinaciones, de las Cortes y del Gobierno, y de un modo especial por V. E., cuya vida guarde Dios muchos años.

Manila, 21 de Abril de 1898.

EXCMO. SEÑOR

Fr. Manuel Gutiérrez, Provincial de Agustinos.—Fr. Gilberto Martín, Comisario Provincial de Franciscanos.—Fr. Francisco Ayarra, Provincial de Recoletos.—Fr. Cándido García Valles, Vic.o Provincial de Dominicos.—Pío Pi. S. J., Superior de la Misión de la Compañía de Jesús.

Libros a la carta

A la carta es un servicio especializado para

empresas,

librerías,

bibliotecas,

editoriales

y centros de enseñanza;

y permite confeccionar libros que, por su formato y concepción, sirven a los propósitos más específicos de estas instituciones.

Las empresas nos encargan ediciones personalizadas para marketing editorial o para regalos institucionales. Y los interesados solicitan, a título personal, ediciones antiguas, o no disponibles en el mercado; y las acompañan con notas y comentarios críticos.

Las ediciones tienen como apoyo un libro de estilo con todo tipo de referencias sobre los criterios de tratamiento tipográfico aplicados a nuestros libros que puede ser consultado en Linkgua-ediciones.com.

Linkgua edita por encargo diferentes versiones de una misma obra con distintos tratamientos ortotipográficos (actualizaciones de carácter divulgativo de un clásico, o versiones estrictamente fieles a la edición original de referencia).

Este servicio de ediciones a la carta le permitirá, si usted se dedica a la enseñanza, tener una forma de hacer pública su interpretación de un texto y, sobre una versión digitalizada «base», usted podrá introducir interpretaciones del texto fuente. Es un tópico que los profesores denuncien en clase los desmanes de una edición, o vayan comentando errores de interpretación de un texto y esta es una solución útil a esa necesidad del mundo académico.

Asimismo publicamos de manera sistemática, en un mismo catálogo, tesis doctorales y actas de congresos académicos, que son distribuidas a través de nuestra Web.

El servicio de «libros a la carta» funciona de dos formas.

1. Tenemos un fondo de libros digitalizados que usted puede personalizar en tiradas de al menos cinco ejemplares. Estas personalizaciones pueden ser de todo tipo: añadir notas de clase para uso de un grupo de

estudiantes, introducir logos corporativos para uso con fines de marketing empresarial, etc. etc.

2. Buscamos libros descatalogados de otras editoriales y los reeditamos en tiradas cortas a petición de un cliente.

Printed in Poland
by Amazon Fulfillment
Poland Sp. z o.o., Wrocław